成沢真介 著
涌澤圭介 監修

注意欠如・
多動症（ADHD）の
世界を
理解する本

隠れADHD
の歩き方

風鳴舎

Contents

自分疲れ逆引き目次 ———————————————————— vii

はじめに ———————————————————————————— xiii

さあ旅の始まり ———————————————————————— xv

旅のストーリー① どーする! どーする! どーするのよ! 俺!—xvi

旅のストーリー① どーする! どーする! どーするのよ! 俺!

会社に疲れ、自分に疲れる俺に
救いはあるのか? ——————————————————— 2

■ 整理整頓が苦手 ——————————————————————— 6

■ 忘れ物をする ——————————————————————————— 7

■ 何を話せばよいか考えておけばよかったのに、それができなかった —— 8

■ 同じ場所にずっと居ることが苦痛 ——————————————— 9

■ 「うつ」の世界に入りかけているかも?(その1) —————————— 10

旅のガイド① 開き直る(もう、いいかな) ————————————— 14

旅のストーリー② 闇の中をさまようピエロ ——————— 24

旅のストーリー② 闇の中をさまようピエロ

この仕事は向いているのか、いないのか?
誰か教えておくれ〜!! ——————————————————— 26

■ 重要な事柄も右から左になる ————————————————— 31

■ 自己管理能力が低い ———————————————————————— 32

■ 2人なら話しやすいのに、3人になると気を使ってしまう ————— 33

■ 「うつ」の世界に入りかけているかも?(その2) ————————— 35

旅のガイド② 片づける
ゴミ屋敷からの脱却 ——————————————— 38

旅のストーリー③ アイツは突然やってくる —————48

旅のストーリー③ アイツは突然やってくる

私をかき乱すのはやめて!—————50

- 音が気になり集中できない—————54
- 言い方がまずかったと思っても、気づいた時には言ってしまっている/
  一方的に話してしまう—————55
- すぐに影響を受ける—————56
- 今、やっていることだけに注意がいく—————57
- **「パニック症」の世界に入りかけているかも?**—————59

旅のガイド③ 突然やってくるアイツって…
誰だよオマエ?!—————62

旅のストーリー④ 厳粛なつなわたり—————68

旅のストーリー④ 厳粛なつなわたり

心のバランスは崩れやすい—————70

- 思い込みが激しい—————75
- バランスをとるのが難しい—————76
- **「不安症」の世界に入りかけているかも?**—————77
- **「適応障がい」の世界に入りかけているかも?**—————79

旅のガイド④ 心のメンテナンス
人間の価値は生産性にあるのではない—————81
- 人間は解決できることのみを問題にする—————86

iii

旅のストーリー⑤ もお♬♪ど・う・に・も・止まらない〜♬————100

旅のストーリー⑤ もお♬♪ど・う・に・も・止まらない〜♬

考えすぎて辛くなる。
何かに助けてもらいたい————102

- 耳鼻咽喉科には度々お世話になっている————106
- 誰かに依存するのが楽————107
- スマホやゲームにのめり込みやすい/時間に遅れる・ぎりぎりになる————108
- ミスが多い————109
- 「ネット依存・ゲーム依存」の世界に入りかけているかも?————111
- 「アルコール依存」の世界に入りかけているかも?————113

旅のガイド⑤ 特性と向き合う
ギリギリ・先延ばし・うっかり・完璧————115

- 今日までとは違う明日を手に入れる〜命は時間の中にある————115

旅のストーリー⑥ 不安転じて強迫となる————130

旅のストーリー⑥ 不安転じて強迫となる

私が私を追いつめる————132

- 気が散りやすく、やりっぱなしにする————137
- 事故を起こしやすい————138
- 「強迫神経症」の世界に入りかけているかも?————139

旅のガイド⑥ 強迫も脅迫も抗い難い物だけど全然違う物————142

旅のストーリー⑦ 気分次第のジェットコースター——148

旅のストーリー⑦ 気分次第のジェットコースター

私の人生、100か0
～「ほどほど」なんて知らない——150

- 爆発的にがんばり燃え尽きる——155
- 誰かに連絡を取り続ける——156
- 無駄遣いが多い——157
- 「双極症」の世界に入りかけているかも?——159

旅のガイド⑦ 考え方や行動を修正して楽になる
認知行動療法——162

- **認知** 同じものを見ても人によって感じ方は違う——164
- **行動** 行動により気持ちが変わることはよくある——168

旅のストーリー⑧ 自分無法地帯——180

旅のストーリー⑧ 自分無法地帯

火山が爆発してマグマが噴き出す——182

- 衝動的でカッとなりイライラを抑えることができない——188
- 刺激を求めずにはいられない——189
- 「行為障がい」の世界に入りかけているかも?——191
- 「間欠爆発症」の世界に入りかけているかも?——193

旅のガイド⑧ 上手に怒る・上手に伝える
アンガーマネジメント——195

- **とっさの対応** 衝動のコントロール——197
- **長期的な対応** 思考と行動のコントロール——198

旅のストーリー⑨ 荒野のケッコン生活 ————214

旅のストーリー⑨	荒野のケッコン生活

私の苦しさ、誰かわかって！————216

- カッとなりやすく怒りを抑えられない————221
- 女性らしさを押しつけられてストレスを感じる/結婚生活が上手くいかない——222

旅のガイド⑨	こんな時、どーする？————227

- 私の苦しさ、誰かわかって————235

巻末資料：DSM-5によるADHD診断指針————239

おわりに————241

引用・参考文献————243

自分疲れ
逆引き目次
42

「特性」から来る自分疲れ

1 整理整頓や片づけが苦手
ストーリー①、旅のガイド②
➡ P6, 38

2 聞き取る力が弱い
ストーリー②
➡ P31

3 刺激に敏感で気が散りやすい
ストーリー③、旅のガイド⑤
➡ P54, 115

4 一方的に話してしまい後悔する
ストーリー③
➡ P55

5 自己管理能力が低い
ストーリー②
➡ P32

6 気を使ってしまう
ストーリー②
➡ P33

7 新しいことを覚えられない
ストーリー②
➡ P31

8 不注意でミスが多い
旅のガイド②、ストーリー⑤、⑥、旅のガイド⑤
➡ P38, 109, 121, 138

9 衝動的に行動してしまう
ストーリー⑧
➡ P188

自分疲れ逆引き目次

10
カッと
なりやすい

ストーリー⑧、⑨、
旅のガイド⑧
➡ P188, 197, 221

11
落ち着きがなく
同じ場所に
ずっといるのが
苦手

ストーリー①
➡ P9

12
影響を
受けやすい

ストーリー③
➡ P56

13
興味の
ないことに
取り組めない、
続かない

ストーリー③、旅のガイド⑤
➡ P57, 120

14
爆発的に
がんばり
燃え尽きる

ストーリー⑦
➡ P155

15
複数のことを
同時にできない

旅のガイド⑤
➡ P121

16
完璧を
求め過ぎる

旅のガイド⑤
➡ P125

17
思い込みが強く
考えを
変えられない

ストーリー④、旅のガイド⑦
➡ P75, 165

18
断れない

ストーリー⑦
➡ P156, 157

19 バランスをとるのが難しい ストーリー④ ➡ P76	20 耳鼻咽喉科によくかかる ストーリー⑤ ➡ P106	21 依存しやすい ストーリー⑤ ➡ P107
22 ギリギリになる ストーリー⑤、旅のガイド⑤ ➡ P107, 117	23 嫌なことは先延ばしにする 旅のガイド⑤ ➡ P118	24 やりっぱなしで中途半端になる ストーリー⑥、旅のガイド⑤ ➡ P117, 137
25 妙な自信がある 旅のガイド⑤ ➡ P117	26 先を見越して計画的に進めるのが苦手 旅のガイド⑤ ➡ P116	27 事故を起こしやすい ストーリー⑥ ➡ P138

自分疲れ逆引き目次 42

28 誰かに連絡を取り続ける	29 無駄使いが多い	30 人間関係が上手くいかない
ストーリー⑦ ➡ P156	ストーリー⑦ ➡ P157	旅のガイド⑦、⑧、ストーリー⑨ ➡ P165, 195, 222

「二次障がい」から来る症状

31 朝起きられず、疲れている	32 適度に休憩するのが苦手	33 いつもできている事ができなくなる
ストーリー①、② ➡ P10, 35	ストーリー② ➡ P32	ストーリー① ➡ P11

xi

34 些細な選択もできない	35 死にたいと思うことがある	36 何かに怯えている
ストーリー① ➡ P10	ストーリー① ➡ P11	旅のガイド① ➡ P14
37 人生が楽しくない	38 死や発狂の恐怖にさらされることがある	39 人前で話すのが怖い
旅のガイド① ➡ P18	ストーリー③、旅のガイド③ ➡ P59, 62	ストーリー④、旅のガイド④ ➡ P77, 82
40 環境に慣れることができない	41 こだわりや不安がある	42 活動的な時と落ち込む時がある
ストーリー④ ➡ P79	ストーリー⑥ ➡ P139	ストーリー⑦ ➡ P159

はじめに

本書を手に取っていただき、ありがとうございます。

私は20年以上前、佐々木正美先生から「成沢さんはADHDかもしれませんね、でも大人の発達障がいは診断がなかなか難しくてね」と言われたことがあります。「自分は何か変だな」とずっと思っていました。「聞いてない」「落ち着きがない」「片づけができない」などと言われることが多かったせいもありますが、誰かが自分の中にいるような、何かを演じているような感覚もありました。

働き始めて怒涛のような毎日の中で、ふと目覚めて遠くから自分を眺めることがあり、そこで気づいたことがいくつかありました。

- 人に褒められるけど自分ではピンときていないことがある。
- 人にとっては大変そうなことでもストレスをまったく感じないことがある。
- 仕事の中にも、それをしている時はどこまでも掘り下げられることがある。

これらは自分が何に向いているか知るヒントになったと思います。そして、周囲を見渡すと「何か変わっている」人には面白いところが沢山あることもわかりました。

砂漠に咲く花があるそうで、外の環境が厳しい時には、茎や葉は枯れたように見えても根っこを枯らさないように栄養を根に集中するそうです。環境が良くなって再び花を咲かせる日のために。上の3つは私が社会の中で何とかやってこれた根っこだったと思います。

私たちは自分の意志ではどうにもならない必然性によって生まれます。

ルールのわからないゲームにプレーヤーとして参加しながら言葉を獲得し、人生という舞台に役割も知らされず立たされていることに気づきます。どこか謎めいた事柄に参加していることを本当は知っていますが、誤魔化し、諦め、あるいは信仰に助けられて生きています。日々を過ごす中で「驚く」ことを忘れ、「あたりまえ」という錯覚の中で自分という役割しか演じられないことを悟ります。役割は千差万別、持ち前を発揮して何をどう演じても良い舞台ですが、楽しいことばかりではありません。自分を傷つけながら人と接し、自己否定と闘っても勝ち目はないのに、傷口ばかりを意識して治りを遅らせてしまいます。

悩んでいる時ほど自分への想いが一杯で心のスペースがなくなるもの。硬く握ったその手を一瞬でも開いて石を捨ててみれば、開いた手で他の何かを掴むことができるかも知れません。まずは石を握っていると自覚することです。自覚は克服の始まり、「なるほど」と納得して自身が変わることで、その分、自由になれます。自分に

xiii

嘘をつかないため、本当の話をするためには手に握った石を捨てることです。あなたの石は何でしょうか。

「自分だけなぜこんなに苦労するのだろう？自分だけなぜこんなに失敗ばかりするのだろう？自分だけなぜこんなに人から嫌がられるのだろう？それらは至極まっとうな問いである。人間が発する問いのうちで、最も真剣な問いだとさえ私は思う。こうした問いを大切に抱えて、ごまかすことなく考え続けてもらいたいのだ。そうすることによって、あなたはきっと自分固有の人生の『かたち』を探りあてることができるだろう。ぶざまな生き方そのことが、あなたにとってかけがいのない『宝』であることがわかるだろう。」

（中島義道「孤独について」文藝春秋）

北斗の拳のケンシロウの言葉をもじらせていただくと「お前は、もう生きている」。そう、私たちは今、すでに生きています。好むと好まざるとに拘わらず、人生というお祭りに参加しています。このお祭りを精一杯楽しむために本書が少しでもお役に立てたら嬉しいです。いろんな屋台を巡り、花火を楽しみましょう。誰かと出会うかもしれません。疲れたら神社の境内に座ってラムネを飲めば良いのです。

「人生上がってナンボよ！
何でもかかってこいやーっ！」
（土屋アンナ「土屋アンナの100のルール」祥伝社）

診断は出ていないものの、不注意、多動、衝動的などの特性により失敗し、疲れてい

る人がいます。その一方で、好きなことには集中する特性を生かしている人もいます。そんな隠れたADHDの気質をもつ人の物語です。

本書は9つのエピソードとガイドから成っていますが、興味のあるところからお読みいただいて大丈夫です。診断されていない方も、診断が出ている方も、周囲に「そんな感じの人」がいる方も、何か参考になることが少しでもあれば幸いです。そして、あなた自身の公式ガイドを創る参考になれば望外の幸せです。

さあ

旅の始まり！

どーする!どーどーするのよ!

旅のストーリー❶

会社に疲れ、自分に疲れる 俺に救いはあるのか?

どーする! どーする! どーするのよ! 俺!

　会社に行くのは嫌だけど、行ったら全力で打ち込んでしまいます。特に自分の好きな分野については成果もあげていると自負しています。昔から根拠のない自信のようなものがある一方、自分は死んだ方が良い、と、どこかで思っています。

　無駄な会議や非効率なシステム、やる気のない上司、無茶ぶりする上司などに接すると腹が立ちます。役に立たないマニュアルやコンプライアンス、セクハラなどの研修が増え、わけのわからない仕事に時間をとられることばかりです。みんな、頭が悪いんじゃないか、と思います。

　なぜ定時に帰りにくいのか?無駄な残業に付き合わされるのか?板挟みになるのか?何を優先すれば良いのかわからなくなる時があります。筋の通らないことが大嫌いなのですが、その一方、いい加減で<u>整理整頓が苦手な上、忘れ物をすることが度々あります。</u>

　午前中の仕事に疲れ果て、昼休みに一人で街に出ました。頭の中で「孤独のグルメ」のエンディングテーマが響いています。

　♪〜ゴロー♪〜ゴロ〜♫〜イノガシラ〜♪

　店の外まで列ができている人気のラーメン店に勇気を出して並んでみました。

　順番が近くなると店員が注文を取りに来ました。私のすぐ前の客が注文しています。

「ご注文は？」

「ショーユのあっさりでネギと背脂多め、トッピングで卵とチャーシュー、麺はバリカタ」

「かしこまりました」

　流れるようなやり取りを呆然と見ていると、今度は私が聞かれました。

「ご注文は？」

「えっ！あっ！えっと、あの、あの！」

　頭の中が真っ白になり、何を言えば良いのかわからなくなりました。**次は私の番だとわかっていたのだから、何を話せばよいのか考えておけばよかったのに、それができませんでした。**

「えっと、あの、もう、いいです！」

　その場にいることがいたたまれなくなり、私は列から離れて足早に立ち去りました。

　結局、安心できるいつもの牛丼屋に入り、大盛とおしんこと味噌汁のセットを注文しました。最近はこの店もメニューが豊富になりましたが、つい、同じ物を食べてしまいます。初めての店に行くのが恐くてドキドキし、メニューを見ても悩んでしまい決められなくなります。何を食べるか？という些細な選択も、私にとっては煩わしい問題です。

　会社に戻ると、みんな机で仕事をしていました。上司がチラッと私を見ました。昼休みの時間が10分過ぎていました。みんなの視線が刺すように感じられ、がまんできずトイレにかけこみました。

　便座がやさしく迎えてくれます。

（話さなくていいよ。あったかいよ。どうぞ。）
　ここはいつも安心できる空間です。

　仕事に戻りましたが、なかなか集中できず文章がまとまりません。頭の中に霧がかかったような状態になってしまいました。いつも通っている道で迷ってしまっているような感覚、いつものことです。短い紹介文に2時間もかかってしまいました。

　会社で働くよりも出張の方が好きです。仕事の内容ではなく、移動して気分転換できるからです。**同じ場所にずっと居ることが苦痛なのです。**

　夕方になると頭痛がすることが多くなりました。朝と違って、頭が疲れている感じがします。友人とビリヤードなどのゲームをしても、最初は勝っているのですが、次第に集中が途切れて負けてしまいます。家に帰ると、疲れて何もできないことがあります。

　小学生の頃、先生から「授業と休み時間の区別がつかない」「熱しやすく冷めやすい」などと言われていました。短距離走は得意でしたが長距離は苦手でした。しかし、全般的に運動が得意で、小、中学校の頃は異性にもてていました。同学年だけでなく、先輩や後輩からもラブレターを貰ったり、告白されたりしていました。
　高校は公立学校に落ちて私立の男子高に通うことになりました。受験の失敗という挫折によって自信が無くなり、落ち込んで無為に過ごしながら月日が経ってしまいました。

　この頃から、暗闇の中で布団にくるまり、ピストルで撃たれたり、自分の死体が人肉工場で加工されるシーンを想像したりすることが度々ありました。山積の死体の一つである自分の手だか足だかが上から降りてきたリングに挟まれて吊り下げられ、工場の中に運ばれて行くのです。死んでいるはずなのに、手首や足首にリングが直接当たって痛くないよう

内側にクッションが施されています。出来上がった缶詰めのラベルには、筋肉モリモリの男性のイラストに「人肉ミート」と表示されていました。

　高校生活は、2、3年の担任だったM先生に救われました。国語の教師で児童文学者だった先生は、アバウトな雰囲気の中で生きる上で最も大切なことを教えてくれた恩師です。
　多くの人たちに支えられながら大きく外れることなく何とか生きてきました。しかし、経験が増えるにつれてトラウマも増えていきました。

　会社で調子が良い時には、好きな仕事に全力で打ち込み、成果を上げることができましたが、落ち込むと、あの想像が蘇ります。そして全身が石のように重く感じられて布団から出られず休んでしまうこともあります。電話が鳴ると驚きますが、夢の中で鳴っているように思え、出ることができません。

（今日も起きられずゴミが出せなかった）

　手で掛け布団を持つ、身体を起こすなど、次にする動きをイメージして布団から起き上がる自分を想像し、何とか動けました。お風呂に入ると少し軽くなります。

　休んだ次の日は出社するのがいつにも増して苦痛です。ものすごく勇気を出して行きますが、頭が重く鉄のお椀をかぶっている感じで、話しかけられているのもわかりません。死にたい気分になる時もありますが、いざとなるとその勇気がありません。

　日常生活はハードルだらけです。低いハードルや高いハードルがありますが、私の調子が大きく関係します。

　こんな私も年月を経ることで苦しさに適応する術を身につけました。

「もう、いいかな」「どうだっていいや」と思うことです。失敗しても、嫌われても、周囲がどう思おうと、「これが私なんだから仕方ないじゃん」と思うことで随分生きやすくなりました。

そして、元々好きだった自然の中に安らぎを見出しました。

整理整頓が苦手

> 理由

- 目前のことに注意が向き、少し前のことを記憶していない（使った物を元の場所に戻す意識がない）。
- 2つ以上のこと（目前のこと、少し前のこと）に注意を向けられない。
- 散らかっている状態がそれほど気にならない。
- 気になってもどこから手をつけていいかわからない。
- 「いつか使うかも」と思って物を捨てられない。

> どうすればよいか

片づけ＝捨てる

- 整理棚を購入するなど、片付け始めるきっかけをつくる。
- 物を減らして定位置を決める。
    - ①捨てる物（決定）②後で考える物 ③残す物（決定）の3種類に分ける。
    - ②（後で考える物）以外の①と③を決める。
- 範囲（エリア1〜5など）を決め、そこだけ（エリア1だけなど）を整理する。
- 時間（パソコンが起動するまでなど）を決めて整理する。すぐにできなくてもきっかけがあるまで待ってもいい。

⇨（旅のガイド②「片づける」P38参照）

忘れ物をする

> 理由

- 複数のことに注意を向けられない。
- 言われたことを頭に留めておけない。
- あちこちに意識が飛ぶ（悪気ではなく自然にそうなる）。

　目先のことに精一杯で同時に複数のことに注意を向けられない。刺激に敏感なので意識があちこちに飛んでしまいがち。言われたことを一時的に頭に留めておくこと（ワーキングメモリー）が苦手なので忘れてしまう。

> どうすればよいか

忘れること前提で予防する

- 「絶対に忘れ物をしない」と意識する。
- 必ず見る所（玄関、靴の上、トイレのドアなど）にメモ書きを置く。
- 持ち物の準備を覚えている時にすぐ行う。
- 写真やメモに残す。
- 「これは必ず行う」という工程（歯磨き、着替え、トイレ等）の中に「準備する物の確認」を入れてルーチン化。

　玄関の鍵を閉めたか不安な時も、大抵の場合は閉めているように、身体が覚えれば行動を補完してくれます。

⇨（旅のガイド⑤「特性と向き合う」P115参照）

旅のストーリー❶　どーする！どーする！どーするのよ！俺！

何を話せばよいか考えておけばよかったのに、それができなかった

> **理由**

- 先のことを考えて計画的に今を過ごすことが苦手。
- メタ認知（一歩引いて今の状況を省みる力）が弱い。
- 思い込みが激しい。
- 他人や環境の影響を受けやすい
- 頭の中を整理できず、頭がフリーズしやすい。
- していること、話していることや目的を見失いやすい。

　昼食を食べることが目的であり、流れるような注文をすることが目的ではないことがわからなくなる。「流れるような注文」と思い込むと、なかなか考えを変えることができない。頭の中が整理できず自分や周囲が不利益を被ることになりがち。

> **どうすればよいか**

形から入るって大切だね

- 行先を決めてから店に入る（先に枠組みをつくる）。
- 目標や目的を明確にする。
- メニューを調べて何を注文するか決め、再度チャレンジ。

　突発的な出来事に柔軟に対応できる場合もあるし、頭が真白になって何もできなくなる場合もある。成功体験で自信がつき「それが自分」と開き直れるようになると、少しずつメタ認知が働くようになる。

同じ場所にずっと居ることが苦痛

> 理由

- 多動性（刺激に敏感、情報の取捨選択ができにくい）。
- 頭の中も多動（いろいろなことが浮かんでは消える）。
- 同じことを継続するのが苦手。
- 興味がなくなる（覚醒レベルが下がり集中力が低下する）。

　ざわざわしたパーティー会場でも隣の人と会話をすることができるが（カクテルパーティー効果）、聞くべきことを聞き取る力や見るべきところを見る力が弱く、注意散漫になりがち。転職を繰り返す、付き合う相手を頻繁に替える、引っ越しを繰り返すなど、何事も継続するのが苦手（それが、いけないとことではない）。同じ会社の中でも部署が変わる、仕事の内容が変わるなど、変化がある場合はそれが刺激となる。

> どうすればよいか

身体が変われば心も変わる

- 背伸びやトイレに行く（身体を動かす）。
- コーヒーやお茶などを飲む。
- タブレットを用意しておく。
- 違う内容の仕事に切り替える。
- 誰かと話す。

　心と身体は密接に関連している。心が変化すると身体も変化するが、その逆もある。車のハンドルを握ると人格が変わる人がいるように、良くも悪くも身体を変化させることで、心の在りようも変化する。

「うつ」の世界に入りかけているかも？（その1）

こんな症状はないですか

- 何もできないほど疲れている
- 家に帰ると、ご飯も食べられないしお風呂にも入れない。

どうすればよいか

■ とりあえず深呼吸

- コーヒーなど好きな飲み物を飲む。
- 好きな動画を観たり音楽を聴いたりする。
- ほんの些細なことでも「良かったこと」を思ったり、書いたりしてみる（ボーっとした、コーヒーがおいしかった、猫が可愛かった、好きな曲を聴いた等々）。
- お風呂や足湯等で温める。
- 誰かと話す。

こんな症状はないですか

- 些細な選択もできない
- 考えて迷ってしまい疲れ果てる。溺れているような感覚になる。

どうすればよいか

■ 目を閉じる

- 一旦、対象物をシャットアウトしてリセットする（メニューを閉じる、書店やお店なら外に出る…）。

- 食べる物や買う物を決めておく。
- その場では買わず時間をおいてから買う。
- 自分は今、溺れている、と自覚し「選べなくてもいい」と思う。

こんな症状はないですか

- いつもできていることができない

　家事、仕事、日常生活の様々な自然にできていたことや得意なこともできなくなる。メモ書きやメッセージの意味がわからず返信ができないなど、いつも通っている道で迷うような感覚。

どうすればよいか

■ 助けてくれそうな人を思い浮かべる

- 相談できるかどうか別にして、相談できそうな人を考える。
- 考えてもできないときは、考えない、と決める。
- お風呂に入るなど、身体の気分転換を図る。
- 「できなくなった」と言える相手をつくる。
- 代筆などで助けてくれる相手をつくる。

こんな症状はないですか

- 「死にたい」と思う

　休んで迷惑をかけている、失敗する自分が嫌だ…自分の存在に疑問を抱き漠然と不安になる。

こう考えてみましょう

■ 生きているだけで十分

- みんないつか死ぬ。今、苦しんで死ぬ必要はない。
- 死ぬ気で生きれば道は拓ける。
- 拓けなくても、みじめでも生きる方が重要。

- 人生で最も重要な「生きる」という仕事を成し遂げたと考える。
- 褒めてくれる人を見つける。いなければ自分で「素晴らしい、がんばったよ！」と褒める。

いくつかの
失敗で悩むな。
人間の可能性は
ひらかれている。

森に行けば
おおぜいの仲間に会える。
みんな孤高の存在だ。

H.D.ソロー「孤独の愉しみ方」

旅のガイド①
開き直る
（もう、いいかな）
そのままの自分を受け入れ人生の良いところを見る

自分のちょっと変わっているところを補おうとするよりも、武器として活用することに力を注ぐ方が結果として上手くいきます。

幸せに生きるために必要な考え方はADHDであろうとなかろうと関係ありません。幸せへの大きな方向性を考えてみましょう。

怯えがあると幸せにはなれない

「もう人にどう思われたって良いや」「それが自分なんだからしょうがない」私がそう思えるようになったのは40代の頃からです。自意識過剰な人間は、歳を重ねるごとに心が軽くなるのでしょう。60歳になった今は「空も飛べるはず」くらい軽やかです。

自主規制していた何かが外れることで「もちまえ」が発揮され、自分らしさが出せるようになりました。「嫌われたくない」とか「どう思われるか」と言う他人の目を気にするプライドや人への恐怖心を少なくして怯えずに生きたいものです。

守るものを捨てて、臆病な自分と向き合うこと。嫌われてもいい、損してもいい、と開き直るとすごく楽になります。自分の弱さをさらけ出せるようになると感情を飲み込むことも少なくなり、大きな武器を手に入れられます。

「♪〜良かれ悪かれ言いたいことを全部言う〜♬　気持ちいい風を魂に吹かす〜♪」

（「僕の人生の今は何章目ぐらいだろう」作詞・作曲　トータス松本）

生まれてきた　生きていく

人生に確かなことが一つだけあります。「自分ではどうにもならない必然によって人生が始まり、終わる」ことです。あらゆる営みはその間で起こります。仕事や人間関係の喜びやトラブル、家庭内の喜びやイザコザ…。それらはすべて向こうからやって来ます。しかも、辛いことはたて続けに起こるもの。さまざまな状況に直面しながら、人生から問われていることに全力で応えることです。その結果として成功や失敗、幸福感、後悔、喜びや悲しみなどが生じます。それが「生きる」ということでしょう。

どんな状況でも人生には意味がある

アウシュビッツ強制収容所から生還した「夜と霧」の著者、ヴィクトール・E・フランクルは、極限状況において死にゆく仲間のパンや靴を奪い取る者がいる一方で、自分も死の淵にいながら餓死寸前の仲間にパンを与え、励ましの言葉をかけ続けた仲間がいたことについてこう語っています。

「人間とは、人間とは何かをつねに決定する存在だ。人間とはガス室を発明した存在だ。しかし同時に、ガス室に入っても毅然として祈りのことばを口にする存在でもあるのだ。
（ヴィクトール・.E・フランクル「夜と霧」みすず書房）

旅のガイド①　開き直る（もう、いいかな）　そのままの自分を受け入れ人生の良いところを見る

どんな状況でもその運命に対する選択の自由がある

　日々、いろいろなことが向こうからやってきて、我々はそれに応じざるを得ません。自分はその状況にどう応じるのか、選択の自由と責任をもっています。どのような状況であれ、真摯に応えている時が幸福と言えます。「人生があなたをまっている」とフランクルが言うのはそういう意味です。

「人間は人生から問われている存在である。人間は、生きる意味を求めて人生に問いを発するのではなく、人生からの問いに答えなければならない。」

　　　　　　　　　　（諸富祥彦「フランクル 夜と霧」NHK出版）

　人生の目的は？生きる意味は？などと問う必要はない、問う立場ではなく問われているのです。

なすべきことに全力で応える

　向こうからやってくる事柄にどう取り組むのか、納得のできる自分でいること、「そういう自分で良いのか」と、問うことです。どんなことにも必ず終わりは来ますが、問題に取り組む姿勢が解決の質を決めます。「この現実は私に何をせよと求めているのだろう？」と考え「自分が今、なすべきこと」に全力で取り組むのです。

　時間を味方につけるには、時間を忘れるほど熱中することです。幸福は求めてもやってきません。向こうからやってきた「誰か」「何か」に真摯に応えることで結果として訪れるものです。未来の「誰か」「何か」は常にあなたを待っているのです。

希望が自分を救う

　収容所において過酷な状況下で生き延びたのは身体の丈夫さではなく精神性の高さ、豊かさであったとされます。その理由をフランクルはこう言います。

「なぜならば彼等にとっては、恐ろしい周囲の世界から精神の自由と内的な豊かさへと逃れる道が開かれていたからである。」

　（ヴィクトール・E・フランクル「夜と霧」みすず書房）

　初恋の人のことがいつまでも記憶に残るように、誰かと愛し合えたという想い出や、やるべきことがある、ということは生きる原動力、希望になります。

欲望の先に何があるのか

　失敗より成功、敗北でなく勝利を求めるのは人の性ですが、成功や勝利の先に何を求めるのかが重要です。

　合格してどうするのか？優勝してどうするのか？出世してどうするのか？お金をたくさん手に入れてどうするのか？大きな家を建ててどうするのか？……手段が目的になると幸福にはなれません。欲望中心の生き方をやめ、何のためにそれを行うのか、その先にあることをよく考えることです。そして、真摯に取り組むこと。幸せは「今、ここ」にあります。

「小さな家がいい。布団を並べて眠りたい。愛する人の顔が見える距離、手を伸ばせばすぐに繋げる、届く距離。それだけで良かったのに…」

　（吾峠呼世晴「鬼滅の刃21巻」～第188話「古の記憶」～集英社）

人生というお祭りを「面白がる力」

　人生を楽しめるかどうかは、自分にふりかかってきたことのすべてを面白がり全力で応じることができるかどうかにかかっています。日頃から面白いものに接して、発言しましょう。コーピングの効果もあります。自分の内側に「面白がる力」を養っていれば、外側からやってくるさまざまなことに面白さを見出せるでしょう。私は子どもの頃は「がきデカ」や「ゲゲゲの鬼太郎」など多くのマンガ、大人になってからはお笑いや映画等を大切にしてきました。

※コーピング：不快な感情を軽減するために使用される意識的な戦略。ストレス対処法。

人生というお祭りに「集中する力」

　やらされるのは嫌いですが、好きなことに集中するのは得意なはず。そのためには、好きなことができるように自分や周囲をプロデュースする力が必要です。苦手な人間関係は「面白がる力」で乗り切りましょう。

　過集中やアイデアは大きな武器になります。好きなことを仕事の中に見出して特性を生かしましょう。

豊かな人生を呼び寄せる「人を好きになる力」

　自分の中にあるものしか他人に与えることはできません。攻撃的で否定的な側面が自分にはある、と意識しましょう。「一つのマイナスで嫌いになる」ではなく「一つのプラスで好きになる」くらいの感覚を持ちたいものです。

　過集中の傾向を特定の人に向けると嫌がられます。追いかければ追いかける程、対象は逃げて行きます。「ほどほど」を意識して、ストーカーのようなことにならないよう気をつけましょう。

良いところをみる　良い流れをつくる

　子どもは「見て見て」と見られるのを好みます。芸能人は見られるのを意識して綺麗でいようとするでしょう。「見る」とは「意識を向ける」「興味がある」ということです。人は見られたところが伸びるものです。人生の良いところに目を向けるようにすれば、そこが伸びるでしょう。逆に悪いところ、マイナスの部分にばかり目を向けると悪循環に陥りやすいものです。

誠実に、しなやかに、したたかに「揺らぐ力」

　いろいろなことが起こる中で「いやだな」と思うことは多々あります。真面目に誠実に取り組むことが大切ですが、ポキっと折れないために必要なことがあります。

　私は水木しげるのマンガが大好きです。鬼太郎の正義感も好きだけど、ねずみ男のいい加減さに救われます。強い者の前で危うくなると「時と場合により右についたり左についたり、人畜無害のつまらん男でして……」などと言い訳し、自分のためなら鬼太郎も裏切ります。

旅のガイド① 開き直る（もう、いいかな）　そのままの自分を受け入れ人生の良いところを見る

そんなねずみ男ですが、鬼太郎との関係は続きます。「正直で愛情豊かな人物はこの世ではろくでなしでありひどい目にあうのだ」と世の中を悟ったようなことを言い、自分を「つまらない男」と言い切れる強さと仲間との関係が素敵だな、と思います。

「これは譲れない」ということがあるのは当然ですが、一方で折れない、したたかさをもって「揺らぐ力」を大切にしたいと思います。「これは譲れない」という部分と「どうでもいいかな」という部分、2つの車輪で誠実に、しなやかに、したたかに生き抜いてください。

仏教では揺らぐことを「風流」と呼びます。

「♪右から〜右から〜何かが来てる〜♬僕は〜それを〜左へ受け流す〜♪いきなりやって来た〜♪右からやって来た〜♪ふいにやって来た、右からやって来た、僕はそれを左へ受け流すのさ〜♪」
（「右から来たものを左へ受け流すの歌」作詞・作曲ムーディー勝山）

他人が笑おうが、
笑うまいが、
自分の歌を歌え
ばいいんだよ。
岡本太郎

あなたがどれほど
人生に絶望しても、
人生のほうがあなたに
絶望することはない。
ヴィクトール・E・フランクル

私たちはこの世を観るために、聞く
ために生まれてきた。この世はただ
それだけを望んでいた。
……月が私に向かってそっとそっと
ささやいてくれたように思えたので
す。お前に、見て欲しかったんだよ。
だから光っていたんだよ、って。

ドリアン助川「あん」

幸福は香水のごときもの
である。人に振りかけると
自分にも必ずかかる。

エマーソン

愚かな人間は、
自分をより高く買って
くれる人を探し続ける
人生を送る。

H.D.ソロー

明日死ぬと思い、
今日を生きなさい。
永遠に生きると思い、
学びなさい。

マハトマ・ガンジー

ばかやろう！
俺は強い方の見方だ！

ねずみ男

旅のストーリー❷

この仕事は俺に向いているのか、いないのか？ 誰か教えておくれ〜!!

闇の中をさまようピエロ

「ええ！お前が先生になるの？どんな生徒になっちゃうんだよ。」

お前だけには言われたくない、という付属出身の遊び人でパリピの友だちからそう言われたのはショックでした。

教員採用試験では、ズボンのベルトを忘れたまま一次試験を受け、二次試験で受験表を無くして再発行してもらいましたが、大変幸運なことに、中学校の英語教員として採用になりました。一年目で3年生の担任とバスケットボール部の顧問を任され、学年主任や先輩教師に助けられながら何とか毎日を過ごしていました。

「えっと、あの、修学旅行の案内は今日配布でしたっけ？」

隣の先生に聞くと、そっけない返答が返ってきます。

「今、学年主任が言ったばかりだろ！聞いてた？」

こんなことは日常茶飯事です。朝の打ち合わせは音が飛びかい、<u>**重要な事柄も右から左でした。**</u>

帰りの会が終わり、生徒が下校し始めてハッとしました（しまった！修学旅行の案内配るの忘れてた！）。

急いで昇降口に走り、帰ろうとする生徒一人一人にプリントを渡しました。部活動に行った生徒もいるので体育館などを回りましたが、もう帰ってしまった生徒もいました。

授業でも、自分が出した宿題なのに忘れていたり、テストでの採点ミスが頻発したりしていました。英語に自信があったわけではないのですが、授業の予習はあまりしませんでした。教室に向かう途中でざっと教科書を見るだけのこともありました。日々、いろいろなことがあり過ぎて何が何だかわからない中で、ついでに英語も教えている、という感覚でした。

要領だけは良いので、テストは採点しやすいように解答が記号になる問題を多くしたり、問題集からの抜粋を使用したりしていました。新採用一年目にして、いかに手を抜くか、ということを学びました。

自己管理能力が低いことから、担任しているクラスの教室は汚く、学級委員が自主的に掃除してくれていました。担任が頼りないので生徒がしっかりするというクラスでした。信頼関係だけで何とか集団を保てていたように思います。

文化祭などの行事ではクラス一丸となりました。「戦争と平和」というテーマで教室を飾るため、クラスに割り当てられた予算以上を自腹で捻出しました。舞台発表の部門ではオリジナル脚本の演劇発表で最優秀賞を受賞しました。私は嬉しくなり、生徒たちを労おうとジュースを買って全員で乾杯して盛り上がりましたが、後で学年主任から苦言を呈されました。

「他クラスの生徒もいるから、ああいうことはちょっとねえ」

「こう」と思うとそれしか見えなくなるのが私でした。

必死で「教師」を演じていましたが、ボロが出るのは当然です。学校現場で私を支えていたのは、生徒たちとの関係性と、見るに見かねた周囲の先生方でした。

私のアパートに同僚の先生が遊びに来た時のことです。

「何なんだ！これは！ゴミ屋敷じゃねえか！」

部屋に入るなりそう言うと、散乱している服や本や雑誌などを足でかき分けながら歩き始め、その先生が歩いた後だけ畳が見えて道ができました。それほど散らかっていたのですが、恥ずかしい、という感覚はありませんでした。

夏休みは授業がないのだから先生も休みなのかと思っていたら大間違いでした。部活動や研修、会議、その他諸々のことがぎっしり詰まっていました。

土曜日、久しぶりに昔の友だち3人と飲み会をして気分転換しました。

「どう？先生って？」
「もう、大変だよ！一言で言えないわ。お前は？」
「大変だよ。もうヘロヘロ。上司に怒られてばかり」
「それ聞いて安心したわ。」
「ふざけんなよ！」
「人の不幸は蜜の味だよ！」
「腹立つわ！」

ワハハハと声を上げて笑いましたが、もう一人の友だちはニコニコして黙って聞いていました。そういう物静かな奴なのです。
そいつと2人の時には人生についてボソボソと会話するのが常でした。相手によって自分は違う人間を演じているような気がします。そして、3人になると、どの自分を演じて良いのかわからなくなり、妙に気を使ってしまいます。

私は、常に何者かになっているのです。

修学旅行の説明会で保護者に旅行先の見どころを説明する担当になりました。大勢の大人の前で話すのは初めてだったので緊張しましたが、どうすれば皆さんに喜んでもらえるか考えて臨みました。見どころを知ってもらうことが目的なのですが、話をいかに楽しんでもらえるか、ということしか頭にありませんでした。

説明会は大盛況でした。その日から「そういう才能」を認められ、毎年、職員旅行やレクリエーションの企画、忘年会の司会などをさせられるはめになりました。

毎日が何かに追われるような日々でした。新しい情報が頭の中をすり抜けて行き、大失敗をギリギリで回避しながら何とか過ごしていました。

行事に追い回されてミスを繰り返し、間に合わなくなって責め立てられる夢や、受験の頃の夢をよく見ました。浪人していて、実はまだ大学に受かっていないので働こうかと考えていたり、大学を卒業できずに中退するかどうか迷っている夢です。

修学旅行が近づいたある日の朝、倦怠感が強くて起きられなくなりました。その日は学校を休んで休養しましたが、午後になると少し回復しました。体調の変化が予測できず、ビクビクしている自分がいました。

（明日は起きられるかな？嫌だけど、学校に行かなくちゃ）

そんな毎日を過ごしているうちに修学旅行はやって来ました。十分な打ち合わせもできないまま、生徒のように参加していました。
何とか最終日を迎えたバスの中で生徒に言われました。

「先生、ネクタイは？」
「あっ！」

　宿泊先のホテルにネクタイを忘れて来てしまいました。生徒には「忘れ物をしないように！」などと偉そうに言っていたのに自分が忘れてしまいました。
　仕方がないので、次の目的地で買いました。後日、ホテルから学校宛てに私のネクタイが送られて来ました。

「君はそういう先生だから、それで良いんだよ。生徒にも慕われているしね。君らしさを生かして、一人の生徒にとって必要な先生になってください」

　学年主任のその言葉が私を支えてくれました。

「一人の生徒とは、クラスで一番大変な生徒になるでしょう。その生徒に必要な先生は、クラスにとって必要な先生です。そして、学年、学校にとって必要な先生です」

「一隅を照らす」と共に「一人の児童生徒にとって必要な先生であれ」という言葉は、座右の銘となりました。

　影響を受けやすい私は、その後 YOASOBI のファンになり、気分もアゲアゲです。その分、落ち込んだ時は休んでいます。そんなことを繰り返しながら、何とか先生を続けています。これからも「先生」というピエロを演じていこうと思っています。

重要な事柄も右から左になる

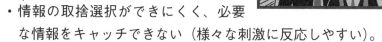

> 理由

- 情報の取捨選択ができにくく、必要な情報をキャッチできない（様々な刺激に反応しやすい）。
- 注意の弱さから、好きなことや興味のあること以外は集中できにくい。
- 一度にたくさんの情報を処理できない。

聞こえているのに聞き取りにくい状態（APD：聴覚情報処理障がい）の可能性がある。特に雑音の多い空間や小さい音などが苦手で、多くの音の中から必要な情報を効率よく処理できなくなる。

ワーキングメモリーの狭さが考えられる。書いては消すホワイトボードのような作業台で、人によって大きさが異なる。視覚と聴覚があり、たくさんの情報を与えられても一つか二つしかキャッチできないこともある。

> どうすればよいか

聞き取る力が弱いことを自他ともに認める

- ケアレスミスを防ぐ予防策（仕事術や生活術）を実行して自分に合うものを見つける（付箋やスマホ、メモ帳に書く、ダブルチェック、声に出す、一つずつ伝えるように頼む、等）。
- 聞き取りのトレーニングや仕事系の本などでビジネス用語に慣れる。
- 覚えていなかったり、聞き取れなかったりしても仕方ない、と割り切る。
- ボイスレコーダーを使う。

- 当事者会に参加したり、身近な理解者と話したりする。
- 専門家のカウンセリングを受ける。
- 聞こえに問題はないか（軽度難聴）調べる。

　上司に打ち明けることで周囲が理解してくれていると、少しは楽になる。仕事内容の選択が重要。聞き取りの練習は音ではなく言葉の内容を意識する。

自己管理能力が低い

理由

- 自分自身を管理、コントロールする力が弱い。
- 目的までの手段や計画、時間配分などを計画的に考えて進めるのが苦手（整理整頓が苦手なのと同様、頭の中も整理できていない）。
- 今が重要で、目的や目標についての意識が薄い。
- やりたいことを先にして面倒なことを後回しにする。
- 生活リズムが乱れて体調を崩しがち。
- 時間や金銭感覚が薄い。

　自己管理の基本は生活リズムや健康管理、金銭管理です。日常生活や仕事面で、何を、どのくらいの早さで、どれくらいするのか考えることができにくいため、期限までに仕事が終わらなかったり、忘れてしまったりして周囲に迷惑をかけることがある。

> どうすればよいか

管理するのもされるのも嫌だよね

- 生活リズムを一定にして睡眠時間を確保する。
- 達成可能な小さな目標を立てて成功体験を積む。
- 具体的な数字を目標にする。
- なぜそれに取り組むのか納得できる理由を見つける。
- 自分の強みを見極める。
- 優先順位を決める。
- 退社前に翌日の計画を立てる。

　ストレス管理も大切。「めんどくさい」から「イライラする」「苦痛」になる前に気分転換を心がける。
　無理なくできそうなことをやってみる。

⇨（旅のガイド⑤「特性と向き合う」P115参照）

2人なら話しやすいのに、3人になると気を使ってしまう

> 理由

- 脳内にはいろいろなキャラクターがいて、脳内会議をしている。
- 相手によっていろいろな自分を使い分けている。
- 相手によって自分を使い分ける、自分の中で自分を縛り続けるというのは疲れるもの。

　C.G.ユングによると、心の中には、グレートマザー、アニマ、アニムス、永遠の少年、永遠の少女、自我、影、ペルソナ、トリックスター、

老賢者、英雄等々、共通する象徴的なイメージがある。

　Ａという友人の前と、Ｂという友人の前では、自分のキャラクターが違うため、ＡＢ両方の友人の前では、どの自分でいれば良いのかわからなくなり気を使ってしまう。

　自分の中には、5歳や10歳、20歳などさまざまな世代の自分が生き続けているが、年齢の概念に縛られて年相応の振る舞いをしようとする。子どものように駄々をこねるわけにはいかないのだ。

どうすればよいか

人間ってややこしいよね

- ADHD に限らず多かれ少なかれ万人にあてはまることなので、諦める。
- 思考停止して、「どうだっていいや」と悟り、開き直る。
- どの自分でいくか決める。

　人生に疲れるのは人間関係であり、癒されるのも人間関係。そういう中で変化しながら生きるのが人間。人生とは無常なもの（同じではいられない）。

「うつ」の世界に入りかけているかも？（その2）

旅のストーリー❷　闇の中をさまようピエロ

こんな症状はないですか

- 朝、起きられない

  身体が重くて布団から出られず仕事を休む。

- 体調の変化が予測できない

  心も身体も調子がコロコロ変わり予測もコントロールもできず、迷惑をかけてしまうのが辛い。

どうすればよいか

■ 笑顔で行ける時に行けば良い

- 眠れたたことに感謝する。
- 布団の中で「生きてるから100点」と思い「大丈夫」「うまくいく」と唱える。
- 次の動作をイメージしてから動く。
- トイレに行けたら「えらい」と言う。
- お風呂（足湯でも）に入る。
- ラジオ体操、散歩、ヨガ、太極拳など、身体を動かす習慣をつける。
- 昼間は太陽に当たる。
- 転職（笑顔で行ける場所）を考えてみる。

■ しょうがないこともある

- 楽しいことを考える習慣をつける。楽しいことを書いて貼っておく。
- 体調の変化が激しくコントロールできないことを周囲に伝え理

35

解してもらう。
・調子が悪い時はキャンセルして休む、と決めておく。
・自分の力になってくれる「推し」をつくる。

こんな症状はないですか

・自分をうまく休ませられない
・断ることができず、限界までがんばり自分を追いつめてしまう。
　誰かが止めてくれると良いのだけれど…
・新しいことを覚えられない
　人の顔や名前が覚えられない、言われたことをすぐに忘れるなど、ミ
　スが増える。

どうすればよいか

■ 自分に優しくしてあげよう

・ギリギリまでがんばらず、余裕を残して一日を終わる。
・嫌だな、と思ったことは断ると決める。
・さぼる勇気をもつ、と考える。
・「もう、いいや、どうだって。」と声に出して言う。
・みんな適当で、限界まではがんばっていない、と考える。
・親身になって自分と向き合う。

■ できることだけを淡々とする、と決める

・自分に期待しない。
・今は運気が悪いが、これから上昇する、と考える。
・その場でがんばって覚えようとしない（メモを取る）。
・「自分は記憶力が悪くなってる」と周囲に伝え、聞き直しを許し
　てもらう。
・周囲に理解してもらえるよう、上司に伝える（上司に理解がな
　ければ、その上の上司に伝える）。

人間は昼と同じく、
夜を必要と
しないだろうか。
ゲーテ

旅のガイド②

片づける
ゴミ屋敷からの脱却

　明日はテスト、という時に限って「片づけしようかな」などと思うことがあります。テスト勉強という「片づけたい別の何か」がある時に問題をすり替えますが、終わればすっかり忘れています。

　何かをするか、しないかは心の問題です。片づけも同じ、気持ちが9割です。特にADHD系の人は、やる気になるかならないかが行動に大きく関係します。気持ちをそちらにどうもっていくかです。

「散らかっていても仕方ない」と思う人はそれで良いと思います。「何とかしたい」と思う人についてこれからお話します。

片づけとは「捨てる」「置く場所を決める」

「持ち続ける物を選ぶ」ためにそれ以外の物を捨て、置く場所を決めるのが片づけです。
- （日常の片づけ）……毎日する
- 「元に戻す」こと、物の定位置を決めることです。
　（イベントとしての片づけ）……1回完璧にやってしまうと

しなくても良い。

整理整頓できている状態にすること。これができている状態でないと「日常の片づけ」は効力を発揮しません。

思いついたら行動しちゃう人

衝動的に買い物をして物が増える、使った物を元に戻さずそのままにして散らかす、片づけを先延ばしにして取り掛かれない……脳のクセに振り回されてバタバタしますが、好きなことには過集中になるほど一生懸命取り組みます。片づけや節約、整理整頓も好きになればできるはずです。

（不注意）遅刻や時間ギリギリになる、すぐ忘れてしまう、注意を持続できない…

（衝動性）目の前のものに気をとられてしまう、気分のまま行動する、待つのが苦手…

（多動性）落ち着きがない、頭の中がごちゃごちゃでやりたいことがいっぱいある、せっかちで気ぜわしい、退屈が嫌…

散らかすつもりはないのに、幼いころから「片づけなさい！」「出したらしまう！」などと叱られ、どうして良いのかわかりません。「出した」という記憶が抜け落ちているのです。

記憶の作業台（ワーキングメモリー）が小さくて多くの情報を処理できず、ついうっかり忘れたり、ヘマしたりします。物を置いた場所もすぐに忘れてしまいます。

散らかっている部屋

心が行動に現れます。散らかっている状態は自然に散らかったのではなく、心（脳のクセ）が散らかしたのです。

ゴミが一つ捨ててあると誰かがそこにゴミを捨てるように、散らかっ

ている状態が当たり前になると、違和感を感じないまま「それが自分」になってしまいます。

自分の特性に介入する

「思いついたら行動しちゃう」「過集中」を片づけに応用しましょう。それができれば整理整頓は必ずできます。特性（脳のクセ）を良い方に使えるかどうか、にかかっています。これはすべての活動に通じることです。

「～しなければならない」という受け身の姿勢ではドーパミンが出にくいため、集中できず長続きしません。自分からやる姿勢「よし！やったるで！」これです。

※ドーパミン：脳内の神経伝達物質でADHDの症状に大きく関係すると言われる。

「自分は、あれもこれも一緒に出したり、持ち運んだりする」と自覚して、必要な物だけを選ぶ習慣をつけましょう。

悪循環を断ち切る

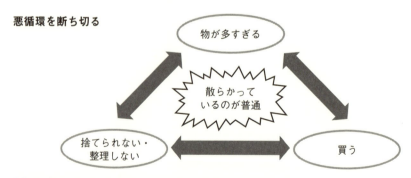

「物が多すぎる」を断ち切りましょう。

頭の中を片づける

頭の中がゴチャゴチャで整理できていないと部屋も散らかります。時間も同じ。どこかきれいに片づいた場所（公園、喫茶店、図書館等）に行って頭の中を整理してみましょう。そこで「絶対に残す物」を考えて書いてみるのです。書ける物が、あなたにとって本当に必要な物です。

不安が大きいほど物は増える（捨てられない心の中）

- まだ使える
  「もったいない」と思うのは消費社会への警告なのかもしれません。
- いつか使うかも知れない
  「捨てなければ良かった」と後悔したくない。「いつか」は来るのでしょうか？
- 思い入れがある
  人生が詰まった物はただの物ではありません。
- 希少価値がある
  「損をしたくない」

大きく困ったことがなければ、「そのまま」が楽です。現状維持から脱却するには勇気が必要で、物を減らす最初のステップが「捨てる」です。

「ときめき」で判断する

　まず「絶対に捨てる物」と「絶対に残す物」に分けて捨てることから始めましょう。明らかな物ほど判断しやすいので、「絶対度レベル1」から始めましょう。

　近藤麻理恵氏によると、触った瞬間に「ときめき」を感じるかどうかで捨てるか残すか判断するのが良いとされます。そのためには一つ一つ手にとって触れてみることが大切です。

　　　　　（近藤麻理恵「人生がときめく片づけの魔法」サンマーク出版）

物とのコミュニケーション

　捨てるか残すか「う〜ん、どうしよう」という時、あなたとその物との対話が行われています。「まだ使えるよ、捨てないでおくれよ」「いつか使う時がくるかも知れないよ」「懐かしいだろ」「損するよ」などと言いながら「本当に捨てて良いのかい？」と迫って来ます。

　「捨てる」にはいくつもの歯止めがありますが、「買う」にはそれ程歯止めはありません。「ちょっと高いな」「置き場所に困るな」等、主にお金の問題です。購入はしやすく捨てるのは難しい。その結果、物は増えるばかりです。

　日本の国土についても同じことが言えます。家を建てる、お墓を作る、ソーラー、ビル……、取り壊さない限り、物だらけになるでしょう。

「捨てる」とは自分と向き合う時間

　捨てるか残すか、物とのコミュニケーションは自分と向き合う時間になります。「ときめき」があるかどうかが「捨てる、残す」の判断基準

と言いましたが、ときめかないけど捨てられない物がたくさんあります。迷った時に自分の中の判断基準をどこに据えるのか、決定を迫られます。

片づけをしている間、ずっと「捨てるか残すか」の判断を迫られています。この感覚が鍛えられているうちに「切り捨てる」自信がついてきます。自分の判断に自信がもてるというのは生き方に影響します。

「捨てる」ステップ

① 「絶対にいらない物」と「絶対に残す物」に分ける（容易）。
② 残った物の中をさらに「いる物」と「いらない物」に分ける（難しい）。
③ 想い出の品は最後にする（難しい）。

残す、捨てるの他、誰かにあげる、リサイクルに持っていくという選択もあります。

残った中途半端な物がくせ者

どちらともいえない物をさらに仕分けします。実はこれはほとんどいらない物です。続けて片づけてしまうのが良いですが、一息ついてしまった場合は次の開始時期やとりかかりの呼び水となる物や活動を決めておきましょう。

「一挙にやる」「幾重にもやる」「毎日少しずつやる」

（一挙にやる）
ADHD 系の人は、やり始めると完璧を目指して集中する傾向があり

ます。ただ、一回では終わらないので「一挙に」と思っても何回かに分けなければならなくなります。どこまでやって終わりとするか、アバウトでせっかちでコツコツできない人に向いている方法です。

（幾重にもやる）
　迷いなく判断できる「絶対に捨てる物」と「絶対に残す物」に分けて捨てます。全体ができたら2回目からは「捨てる物」だけをさらに選別します。残った物が「悩む物」です。この中から3回目を始めます。

（毎日30分やる方法）
　片づけを習慣化し、疲れず余力を残して終わることができる方法です。30分厳守で、「もっとやりたい」と思えるところで止め、次への意欲づけとします。「継続は力なり」が実践できる人向き。

「場所ごと」「物ごと」

　どこから始めるか？何から始めるか？一番やっかいなのは「想い出の品」なので最初にしない方が良いです。自分が「よし！やるか！」と思える所、モチベーションが上がる所、「汚いなあ」と感じている所から始めましょう。

・場所ごとに行う（例）：クローゼット、押し入れ、タンス、本棚、玄関……。
・物ごとに行う（例）：靴、衣類、本、小物、想い出の品……。

　「捨てる」と同時に「置く場所を決める」ことになるので、物ごとに行う方が一気に片付きます。物が多すぎる場合は散らかった状態がしばら

く続くので、場所ごとの方が良いかもしれません。自分がやりやすい方法を選びましょう。

物を買う時の注意

　片づけても物が増えれば同じこと。なるべく物を増やさないためには買わないことです。でも一切買わないのは無理。注意しながら買いましょう。

- 「欲しい」と思ってもすぐに買わない。その場から離れて少し時間を置く、明日にする、一週間後にする……。
- 5年後にも必要な物か、考える。
- これを捨てたとして同じ物をもう一度買うか、考える。
- 一人で買い物をしない。誰かと一緒に行く。
- これを我慢して別の欲しい物を買おう、と考える。
- あの人だったら買うだろうか、と考える。
- クレジットカードを持ち歩かない。
- 買う前に物を一つ捨てる。

「捨てる」とは哲学である

　かつて自分が選んで手に入れた物と丁寧に向き合いながら、捨てるか残すかを判断するのには深い洞察が必要です。

　臓器提供の意思表示と似ており、意志を示さなければ考える必要もありませんが、臓器を提供するのか、しないのか、どちらかを明示するとなると真剣に自分と向き合わざるを得ません。考えないのが楽なのですが、向き合うと考えざるを得なくなります。

　大げさに聞こえるかもしれませんが、片づけは「自分とは何か、人生とは何か」を考える機会ともいえます。自分と向き合う機会をいつにするのか、「今」なのか、「いつか」なのか、「向き合わない」のか、選ぶのはあなたです。

所有することで人は
不自由になっていく

H.D.ソロー

人生が本当に素晴らしいものなのか。
それは余計なものを
すべて取り去ったときに見えてくる。

H.D.ソロー

風向きが定まらないこの世で
生き抜く方法が一つある。
すべてを簡素にしておくことだ。

H.D.ソロー

余分なものはいらない。
人生の冒険に乗り出すのだ。

H.D.ソロー

旅のストーリー❸

私をかき乱すのは
やめて!!

アイツは突然やってくる

　書店でかかる BGM って必要かなあ？と思います。環境音楽のような静かな曲ならまだいいけれど、リズム感のある曲って本に集中できないのです。

　頭の中の変なところをかき乱される感じがして、文字の意味を追えなくなります。

「あら、どうしたの？」

　友だちと本屋でばったり会いました。

「うん、別に、ちょっと寄ってみただけ」
「髪、切ったんだけど、どう？」

　友達は、少し横を向いて私に髪型を見せようとしました。

「ちょっと変だね」

　私が思ったことを正直に言うと、友だちは何も言わずに去っていきました。**言い方がまずかったと思いますが、気づいた時にはもう言ってしまった後でした。**

50

家に帰って別の友だちに電話しました。

「本屋で〇〇子に会ったら、髪切ってたよ」
「そうなの、どうだった？」
「変だったよ。前の方がずっと良かったのに、何であんな髪型にしたんだろう？」
「それ言ったの？」
「言ったよ」
「・・・」
「金曜ドラマみてる？」
「みてるよ」
「主演の△△カッコ良いよね。私、大好き」
「△△ってさあ…」
「映画もみたよ。ドラマと全然違ってた。演技もすごいよね」
「そうな…」
「あんな役やるとは思わなかったよ、でも凶悪犯人も似合ってたのが怖い。ルックス良いのに不思議だよ」
「似合ってるの？それって…」
「すごいんだよ！もうドラマと全然違うの！あれが△△の本当の魅力かもね」

私が一方的に話して電話を切りました。

　明日、嫌なことがあっても今日は幸せに生きられる私ですが、さすがに笑点をみていると日曜日が終わることが実感されて悲しくなります。

　会社でも上司と取引先の板挟みになって苦労しています。腹の立つことも多くストレスが溜まっているので、免疫力も下がっていると思います。もしも私が癌にでもなったら、あの上司の責任だと思います。

ちびまる子ちゃんをみていると洗濯の場面が出たので、突然、思いました。

（そうだ！洗濯しよう！）

洗濯機のある脱衣場に行き、洗い物と洗剤を入れてスイッチを押しました。

夕食は簡単な物で済まそうと思っていたので、スパゲッティカルボナーラを作ることにしました。テレビをみながら茹でたり卵を用意したり、サラダも作りました。

（良い感じじゃない、いただきまーす！）

（明日は会社だけど、カルボナーラは美味しくできたわ。このドレッシング、良いじゃない。今度からこれ買おうっと。）

その後、お気に入りのドラマを見てからお風呂に入ろうとして、洗濯物がそのままになっていることに気づきました。よくあることです。

洗濯槽の底に、先ほど洗った服たちがしわくちゃになって固まっていました。一枚ずつ取り出して伸ばし別室に干しました。

（あーあ、またやっちゃった）

私は、**今、やっていることだけに注意が向くのです。**

夜、寝ていると動悸と息苦しさで不意に目が覚めました。

（暑い！息苦しい！死にそう！何これ！？）

二月なのに布団をはいで窓を開け、外の冷たい空気を入れました。ま
だドキドキして息苦しく身体が火照っています。時計を見ると午前2時
過ぎでした。

（死ぬの？あたし？嫌だ！）

室内にいることに耐えられず、真冬の夜中ですが散歩に出かけようと
着替えました。とりあえずテレビをつけると好きなお笑いタレントが出
ています。ボーっとみているうちに少し楽になってきました。
キッチンにあったアリナミンを飲んで、再びパジャマに着替えまし
た。また先程のようなことになるのではないかという恐怖から、布団に
入ったのは4時をまわっていました。

（何だったのかな？自律神経？明日は仕事、休もう）

そんなことがあって二週間が経ちました。

満員の通勤電車に乗ってしばらくすると、あの嫌な感じが再び襲って
きたのです。

（あっ！あれだ！アイツが来た！）

ドキドキして息苦しくなり汗が出てきました。周囲の景色が薄れてゆ
く感じです。

（まずい！こんなところで！死ぬ！）

次の駅まで何とか我慢しているうちに気持ち悪くなってきました。汗
だくで降りると同時にうずくまり吐いてしまいました。周囲の人が声を
かけてくれましたが、答えることはできず、横たわって意識がなくなっ

てしまいました。

　救急車のサイレンが聞こえる頃には回復していました。

「すみません、大丈夫です」
　救急隊員にそう告げましたが不安でした。アイツはいつ、どこで、やってくるかわからないのです。
　布団に入る時、満員電車に乗る時、またアイツがやってくるのではないか、と思うと怖くなります。

音が気になり集中できない

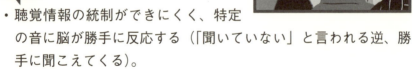

> 理由

・聴覚情報の統制ができにくく、特定の音に脳が勝手に反応する（「聞いていない」と言われる逆、勝手に聞こえてくる）。

> どうすればよいか

脳がざわつく音

・ヘッドフォンで好きな曲を聴く。
・イヤーマフや耳栓で雑音をシャットアウトする。
・活動する場所を変える。

　呼んでいないのに来た客のようなもの。救急車のサイレンや隣人の会話などで、今している内容が頭に入らないことがある。好きな人や嫌いな人の言葉が飛び抜けて気になるのも同じ。

言い方がまずかったと思っても、気づいた時には言ってしまっている

> 理由

- 衝動性が強く自己コントロール力が弱い（我慢できにくい）。
- 内言語が弱い（脳内だけでつぶやくのが苦手、会話しながら考える）。

> どうすればよいか

早送りスイッチの止め方

- 読書や日記、感想文を書く（内言語を育てる）。
- 整理して話そう、ゆっくり話そうと意識する。

　人は思っていることをすべて話している訳ではない。一旦、頭の中で止まってから話しているが、この止まる力が弱く、思ったことを反射的に口に出してしまいがち。また、内言語が弱いため、考えるために口に出している。話しながら考えるタイプ。

一方的に話してしまう

> 理由

- 相手の話が終わるまで待てない。
- 話したいことがいろいろ思い浮かび、忘れないうちに話そうとする。

- 思い込みが強い。
- こだわっていることを伝えたい気持ちが強い。
- 話を組み立ててから話すことが難しい。

　頭の中が多動なので整理できず、思いついたことに話が飛び、自分でも何を話していたのかわからなくなる。

> どうすればよいか

ゆっくり穏やかに話すと印象が良い、と肝に銘じる。

- 自分がマシンガントークであることを自覚する。
- 相づちを打つ、復唱する（話すより聞くことを意識する）。
- 相手の表情から気持ちを読み取り、話を聞いてから意見を言う。
- ゆっくり話すことを意識して相手に評価してもらう。

　感情は言葉よりも先に態度や表情などに表れる。相手の様子を見ながら話すようにする。「早口で一方的じゃない？」と聞いてみるのも良いかも。
　そういう自分もそれで良いと開き直るのもよし。

すぐに影響を受ける

> 理由

- 人からどうみられているか気になり、自分に自信がない。
- 感受性が豊かで、面倒なことを避けたい。
- 吸収力が高く、断ることが苦手。
- 新しい刺激に敏感（熱しやすく冷めやすい）。

- 自己コントロール力が弱く、後先を考えずにやってしまう。
- 過集中の傾向がある。
- 人がやっていることに興味をもつ。

　行動力がある一方、努力が苦手で流行に流されやすい。好奇心が旺盛、凝り性、気分屋、マイペースなどと評価されることが多い。熱量は決まっているため、猛烈に燃やすと燃え尽きやすい。長続きする人は無意識に長く燃焼させる方法を身につけています。

どうすればよいか

一人で考える時間をつくる

- 長所として生かす（柔軟に意見を取り入れる、臨機応変に行動を変えることができる等）。

　メリットとして考えることが大切だが、騙されやすい面もあるので気をつける。

今、やっていることだけに注意がいく

理由

- 見えるもの、思いついたことなど、今、やっていることに取り込まれる（視覚情報の統制ができにくい）。
- 複数のことを同時にできない。
- 忘れやすい。
- メタ認知（一歩引いて自分を省みる力）が弱い。

どうすればよいか

特性を生かして結果に結び付ける

・仕事に関連した好きなことをとことんやり、結果を出す。
・とことんやれる仕事を選ぶ。
・タイマーなどで気付くようにする。
・覚えておくことをメモや手に書く。
・一つ終わってから次の活動に取り組む。

　好きなことであれば、のめり込んで取り組み優れた結果を出す場合がある。疲れていることも忘れる程、集中する「過集中」の状態に気をつける。ほどほどにすることが苦手。この力を結果と結びつけるにはどうすれば良いか考えて結果を出せば、少しは生きやすくなる。
　結果は出なくても、生きやすいことが大切。

⇨(旅のガイド⑤「特性と向き合う」P115参照)

58

「パニック症」の世界に入りかけているかも？

旅のストーリー③　アイツは突然やってくる

こんな症状はないですか

・死や発狂の恐怖にさらされる

　動悸や呼吸困難、冷や汗、めまい、吐き気、震え、感覚の麻痺、震え、発狂の恐怖などが、何の前ぶれもなく突然起こる。何かの誘発因子やそれを予期して起こることもある。

どうすればよいか

■ 発作では死なない

・「死んだり発狂することはない、すぐに治まる、大丈夫」と言い聞かせる。
・複式呼吸や気分転換をする。
・リラックスして自分なりにストレス解消する。
・慢性化することもあるので、早目に受診する。

こんな症状はないですか

・予期不安や、発作を起こした場所や状況を恐れる。

　一度起こると、また起こるのではないか、という不安に煽られる。恐怖の対象は、逃げれば逃げるほど大きくなる。

どうすればよいか

■ プラス思考で生活しよう

・外出時は薬をお守りとする。

- 薬物治療の他、認知行動療法や自律訓練法などがある。
- 過労やストレスを抱え込み過ぎないようリラックスして過ごす。
- 電車に乗っても発作は起こらない成功体験を重ねる。
  （恐怖から電車に乗らないと電車をより怖くさせる）
- 不安をお酒でまぎらわすうちにアルコール依存症にならないよう気をつける。

逆境を突き抜けて
歓喜にいたれ！
ベートーヴェン

旅のガイド③
突然やってくる
アイツって…
誰だよオマエ!?

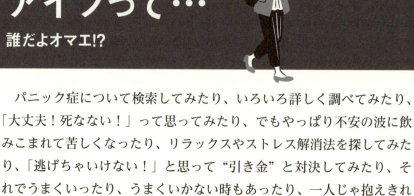

　パニック症について検索してみたり、いろいろ詳しく調べてみたり、「大丈夫！死なない！」って思ってみたり、でもやっぱり不安の波に飲みこまれて苦しくなったり、リラックスやストレス解消法を探してみたり、「逃げちゃいけない！」と思って"引き金"と対決してみたり、それでうまくいったり、うまくいかない時もあったり、一人じゃ抱えきれないので家族や友達や大切な人に相談してみたり、結果、カウンセリングオフィスや病院を受診してみたり、そこで薬を飲んでみたり、いろいろなセラピーを受けてみたり…。

　さて、ドキドキハカハカと自分を苦しめる、この"やっかい者"との闘いはどうなりましたか？消えてくれたり、小さくなってくれたり、減ってくれたり…。それなら良いですが、あるいは、なくなったと思ったらまたひょっこり現れたり、なかなかしぶとくて、長い戦いになりそうになったり…。

　もし、戦いが激しくなりそうな時や、それに疲れてしまいそうな時、長〜い付き合いになってしまいそうな時、戦ううちに心の扉の奥からもっと強敵が現れてしまった時などは、一段落している時でいいので、ちょっと質問してみてほしいのです。おうちのソファーでゆっくり休んでいる時でも、お風呂やトイレで座っている時でも、ぼんやりお散歩している時でも、電車の窓から流れる景色をそぞろに眺めている時でも、自分でいいと思える時ならいつもでもいいです。

「ねえ心臓さん（勿論、君でもちゃんでもニックネームでも、何でも
OKです。ただ、折角だから喧嘩をぶり返さないように、呼び捨てとか、
悪いニックネームはやめておきましょうかね。）、何でそんなにドキドキ
するのよ？」「ねえ肺さん（同上）、何でそんなにハカハカするのよ？」っ
て。そして、しばらく返事を待ってあげてほしいのです。…でも、おそ
らく、心臓さんも肺さんも「？」という感じで答えに窮すると思います。
わかっていたら困っていないですもの。でも、よくよ〜く聞いてみると
「理由はともかく、つい頑張っちゃうんだよね。血液送んなきゃ！とか
か酸素取り込まなきゃ！って。」くらいは言ってくれるかもしれません。

　そうしたらさらに、その大元にも尋ねてみてほしいのです。肺や心臓
をドキドキハカハカ頑張らせたり、脳に「警報！安心するな！」とア
ラームを鳴らす自律神経（の中でも、特に交感神経）さんに「何でそん
な戦闘モードで頑張っちゃうのよ？自律神経さん…特に交感神経さ
ん」って。

　元々、サイヤ人にも負けない位、戦闘民族な交感神経さんです。「人
生戦争なんだよ！」とか「平和ボケしてんなよバカ！許さんぞ！」とか、
「休むな！油断すんな！戦え！」「警告！ハルマゲドン接近！！」とか
言ってくるかもしれないし、ハートマン軍曹顔負けの罵詈雑言が飛んで
くるかもしれません。あなたはもしかしてガクブル※で黙り込んでしま
うかもしれないし、あるいはいくばくか腹を立てて「やかましい！何で
無駄に絡んでくるんだよ！」とか言ってしまうかもしれません。そうす
ると、交感神経さんは「なんだとぅ？！自分じゃ何もできないくせに！」
とか「おっちょこちょいなお前なんか社会の荒波に飲み込まれちまう
ぞ！」とか、「おバカなお前なんか、周りの賢いやつらに取って食われ
ちまうぞ！」「大体お前って奴は昔からいっつも…」とか言ってくるで
しょうか？…だんだん説教めいてきて、ますます聞くに堪えないあな
たは「うるせえクソババア（ジジイ？）！ほっとけ！！」とか叫びたく

※ガクブル：ガクガクブルブルと恐怖に震えているさま。

なったり、あるいは妙な罪悪感に駆られて「ごめんなさい…私は昔から恥さらしです…」という感じで、とてつもなく悲しくなるかもしれません。そんなあなたに、交感神経さんは「頼りないお前をほっといたら、一貫の終わりだ！」「あれはやったか？これは持ったか？こっちの準備は？それ見ろそれ見ろ！この交感神経様が声かけないと、そんな有様だ！」と、追い打ちをかけるように責めて来るかもしれません。

　…この、攻撃的な"お節介"、何なんでしょうね。何でほっとけないの？なんでそんなに私が気になるの？繰り返し繰り返し、執拗に諦めず、責めて来るのって…。

　あ！このウザ絡み…母ちゃんだ！…いや、変に熱くて時代錯誤感もあった、中学んときの担任かも！？！

「あんたのことが心配でたまんないんだよ！」「そんなお前がお前自身の人生を歩むのに、役に立ちたいんだ」目だか口だかで訴えてたような、でもどっちだかよくわかんないしよく覚えてないけど、思春期の、粗削りで繊細で大胆だけど臆病な魂を逆なでする、あの行き過ぎたお節介！！気になるんなら、心配なら、役に立ちたいんなら、応援したいなら、何で私を傷つけんだよ！？

　…そういや、何でなんだろう？？自分もそうだけど、必死になったり、心配したり、良かれと思ってやっていても、裏目に出ちゃうのって…。やめときゃいいのにしつこくメールを送ったり、あっちを落ち着かせようとしているのに逆にどんどんこっちが慌てたり、大事にしたいのに怒鳴りつけちゃったり…。無視しろ、距離取れって言われたって出来やしないよ。だって、大切な人なんだから…

　母ちゃん、元気かな。飲兵衛の父ちゃんとうまくやってるかな。何かと言うと食料送ってくれたり、電話よこしたり、交際相手もいない私に、変に詮索してきたり…。とうの昔に二十歳も過ぎてる自分に何言ってんだか…て思うけど、でも結構助けてもらってるんだけどね。

…何だろうこの、悲しさみたいなこの感じ…先生も元気かな。もうとうに定年退職しているはずだけれど、まだ子どもに関わってんのかな。平成でもきつかったあの昭和ノリ、令和じゃ益々厳しいでしょ…。

　もしかしてあなたは、交感神経さんとの対話の中で、そういったことを思うかも知れません。勿論まったく別のことを思うかもしれないし、何もまったく思わないかもしれませんが…。交感神経は副交感神経と共に体の活動性を司る自律神経のペアであって、交感神経はアクティブな方に、副交感神経は休息の方に体を調整してくれます。呼吸や脈拍や血圧、筋緊張や姿勢、瞳孔径や発汗や消化管運動、睡眠や覚醒度等の調整を行う訳です。両者が調和して働くことで、人は生き生きと活動的になれたり、まったりとリラックス出来たりという日々の生活のバランスが保たれます。ところが、日々気を張らないといけない状況が続いたり、危険や恐怖にさらされたり、自分や他人や社会や自然と戦い続けないといけない状況に追い込まれるといった、結構な頑張りを要する状況が続くと、これら自律神経は「何とかあなたを救わなくちゃ！あなたの役に立たなくちゃ！」と慌てて踏ん張ってしまいます。そうすると、本来あなたのために必要不可欠な守り手である彼らは、変なやり方、合わないパワーやタイミングで頑張ってしまうのです。頻拍や過呼吸や筋緊張で戦闘モードにいざなったり、息を潜めさせるために呼吸苦を起こしたり、死んだふりをさせるために凍り付かせたり意識を失わせたり、警戒警報として不安や対人緊張や不眠を起こしたり、レスキューコールを出させるためにパニックを起こしたり…。

　つまり、そうなんです。こういった症状は、害悪たるウイルスや細菌のごとく除去すべきものという訳ではなくて、あなたのために役に立ちたいと思っている、生来あなたにとって必要不可欠な守り手が、不器用に誤解を招く変な努力をしているといえる訳です。そういう話を聞くと、「私と同じかも！…頑張っても何でか裏目に出て、いつも怒られる私と！」って、親近感が湧く人も、結構おられるかもしれません。

ですので "やっかい者" 扱いして対峙するよりは、少しだけでも感謝の気持ちを込めて「いつも有難う。私が特に何もしようとしなくていても、私の生命維持のために、日々"自動的"に私を守ってくれて。」って寄り添ってあげると、認めてあげると、意外と交感神経さんの方も肩の力を抜いてくれると思います（最初は「感謝なんかされたことない！何言ってんの？！」とびっくりされるかもしれませんが…）。あなたの心の余裕がある時に、少しずつでもいいのです。最初は、感謝するなんてとても思えなかったとしても、まずは言葉だけでもいいのです。

そして頭の中で、交感神経さんがどんな姿形なのか、思い描いてみてください。お母さんや先生でしょうか？あなた自身？また別な人？別な生き物？あるいは、小さい頃のあなた？

そんな風にしているうちに、だんだんと、それはそれで、そこに居てもいいかもな…という気持ちになってくるかもしれません。やや、うっとおしいけど…。

そうしたら、ちょっとお願いしてみてもいいかと思います。「…有難いんだけど、ちょっと力が入りすぎなので、よかったらその守りの力を、もうちょっと、別なやり方で役立ててくれませんか」って。「そのやり方を、一緒に考えませんか」って誘ってもみて下さい。すったもんだ試行錯誤の挙句に、きっといい方法が見つかりますよ。お互い納得できる、とってもいいやり方が。

でも、不思議なことに、仮にどんなに感謝が大きくなったとしても、どんなに対話が進んだにしても、どんな姿をしているにしても、どんなに無意識な働きだったとしても、それはやっぱりあなた自身なのです。あなたを形作る、あなた自身の重要なパーツのひとつなのです。…そしてそれは、昔も今も将来も、不器用だけど真っ直ぐで、生きることに一生懸命な、頑張り屋さんなんでしょうね。

お前から逃げ出そうたって、
そうはいかないなあ。
だが、サム、
わたしはうれしいよ。
どのくらいうれしいか
口ではいえないよ。
一緒においで！

J.R.R. トールキン「指輪物語」

厳粛なつなわたり

旅のストーリー❹

心のバランスは崩れやすい

厳粛なつなわたり

　興味のない活動の時は、つい違うことをしてしまいます。学生の頃、勉強している時など、いつの間にかペン回しをしていました。

　逆に、興味のある分野では、テストに出ないような細かいところまで調べていました。

　世界史の年代をごろ合わせで覚える参考書をすべて暗記してしまい、その他の年号のごろ合わせを自分で考えていました。「1895年、台湾民主国の樹立」を「一発のキューでゴーサイン（1895）」と覚えていました。

　それが模擬テストで出たのです。

　1895年（　　　　　　）

　（出た！1895年！いっぱつのキューでゴーサイン！）

　私は歓喜しました。ところが、肝心の台湾民主国の樹立、という言葉を入れていなかったため、1895年に何があったのかわかりません。選択肢でもあれば良かったのですが、痛恨の失敗でした。マヌケ、という言葉は私のためにありました。

　大人になって家族で雪遊びに行った時、妻から何度も「チェーンは積んだ？」と聞かれましたが「積んだ」と自信たっぷりに答えました。車内でもそんな会話が何度かありましたが、絶対的な自信をもっていた私は「積んだって！」と、少しイライラしました。

チェーン着脱場でトランクを開けると、肝心のチェーンはどこにもありません。私は自分の「積んだ」という確信が怖くなりました。

思い込みが強いのです。

前の会社は人間関係が辛くなり、この4月に転職しました。新しい職場で何とかがんばっていましたが、ある日、上司から言われました。

「請求書の金額にミスがあるって取引先からクレームが来てるぞ」
「えっ？」
「ちゃんと確認しろよ」

確認したら合っています。

「これで合ってると思いますが…」
「よく見ろ！」
上司が出した資料は私の金額と違っていました。金額交渉で請求額が変わる前の金額で書いていたのです。
「すみません。あの金額だと思い込んでいました」
「バカヤロー！すみませんで済むか！すぐにやり直して今後どうするのか報告しろ！」

失敗したことよりも上司に怒鳴られたことにショックを受け、周囲の視線が針のように刺さってきました。
私は心の奥に根拠のない自信のようなものを持っていますが、周りの人との摩擦によってプライドを傷つけられるのがとても怖いのです。自分の欠点をみんなに露出するくらいなら誰とも関わらない方が良いのです。

職場の空気を気にしながら、私はパソコンに向かいましたが、良い考

えなど浮かぶはずもありません。時間だけが過ぎていきました。

（死んだ方が良いかも…）

　気持ちの面でも仕事の面でも<u>バランスをとるのは難しいです</u>。一生、綱渡りをし続けなければならないピエロのようなものです。

　私はその上司が怖くなり、姿を見かけただけでビクビクしていました。自信をなくして不安が私を包み込み、何もかも自分が悪いと思うようになりました。そして、自身が崩壊するのを防ぐため会社を休みがちになりました。

　転職を考えているうちに行き詰まり、誰かに相談せずにはいられなくなりました。そして、恥ずかしながら医者の卵でもある彼女に助けを求めました。

「今度の日曜に会えない？」
「いいよ」

　すぐに返信がくるのがうれしいです。いつもの喫茶店で待ち合わせました。

「会社どう？」
「行ったり休んだりだよ。そっちは？」
「うん、まあまあ」
「ちょっと、自分のこと話しても良いかな？結構、行き詰まってて…」
「いいよ」
「転職しようかと思って…」
「…そうなの…まあ、あなたがそう思うんなら、それも良いかもね」
「俺ってさ、きっと自分はすごい人間なんだってどこかで思ってるんだよ」

72

「自信あるよね。確かに」

「プライドが高いんだと思う」

「ああ、わかる気がする。あたしも自己愛が強くて自分にこだわるからね」

「そのくせ、すぐに落ち込んじゃうんだ」

「傷つきやすいんだよね。傷ついた自己愛」

「えっ？」

「今、ちょうどそういう勉強してて。ほら、前に生育歴のこと話してくれたでしょ」

「うん」

「自信や万能感って、幼い頃の未熟で傷ついた自己愛を守るために残ったものなんだって」

「それで自信たっぷりなのかなあ？俺」

「周囲が自分を正当に評価しないって感じてない？」

「感じてる！」

「親の溺愛や過大評価、愛情が必要な時期に愛情不足の環境だったとか一人っ子だとか、まあ原因はいろいろなんだけど……」

「あっ、それ合ってる」

「溺愛と愛情不足っていうアンバランスがよくないんだって」

「そうかあ」

「今のは境界線や自己愛性パーソナリティー障がいの話だけどね」

「じゃあ、俺、パーソナリティー障がいなのかなあ？」

「それはわからないわ。詳しく知りたければ、精神科や心療内科に行ってみるといいかもね」

「そうかあ。いっそ病院に行くのもありだよね。でも話してよかったよ。ありがとう。」

「私も、言ってくれてうれしいよ。勇気がいったでしょ？すごいことよ」

「そうかな？」

「自分と向き合うのって大変なことだからね」

「話す相手がいてくれて助かった。誰かに寄りかかって生きている気が

するから」
「私みたいに魅力的な相談相手がいるっていうのは、君の力じゃない」
「あはははは！」
「笑いすぎ！」

　家に帰ると少しすっきりしていました。彼女と話して本当に良かったなと思いました。

「今日は聞いてくれてありがとう！すっきりした気分です」
　LINE の返信はスタンプと一緒にすぐに来ました。
「こちらこそ、ありがとう！また話そうね～！」

　次の日、職場に行って上司をみかけても、少し自信が戻ったせいか、あまり怖くありませんでした。

（いずれ、俺の上司であることを誇りに思う日がくるだろう）

　今度は、反対の方向にバランスが崩れ始めていました。

（よく考えたら、この前の請求額の間違い、ダブルチェックで上司も確認すりゃ良かったんだよ。俺じゃなくて上司に責任があるんだよ）
　心の奥の方で「そうだ、そうだ！」という声が聞こえました。

　とりあえず、転職は先送りにして、今の職場でがんばってみることにしました。

思い込みが激しい

> 理由

- 多くのことを同時に考えて処理できないため、一つのことに過剰にとらわれる。
- 一度、そう思い込むとそこから抜け出せない。
- 「こうだ」と思い込んだ理由を忘れる。
- 自分を客観的にみる力が弱い。
- 衝動的で、聞くことが苦手。
- 自己判断を優先する。
- 過集中の傾向がある。

> どうすればよいか

一歩引いて自分をみる力（メタ認知）を鍛えよう

- 今、自分は何をしているのだろう？と考えるクセをつける。
- 自分は思い込む傾向がある、と自覚する。
- 「本当に？何で？」と聞く（自分自身や周囲）。
- 確認や相談するクセをつける。
- 別の視点で考えようとしてみる。
- 相談しやすい環境をつくる（周囲の役割）。
- 認知行動療法や観念修正療法を受ける。

　何かにハマってしまいやめられないようなこともある。事前にルールを決めて、守れたら自分にご褒美をあげる。
　自分で頭をよしよししてみる。

バランスをとるのが
難しい

理由

- 不注意や衝動性などの特性から人間関係に摩擦が生じるためストレスがかかりやすい。
- 自律神経の乱れを起こしやすい。
- 自分にこだわり過ぎたり、自分を大切にできなかったりする。
- 気分や行動、対人関係などの変動が激しい。

どうすればよいか

周囲の力をかりて自分をメンテナンスしよう

- それが自分だ、と開き直る。
- できるだけストレスがかからないように自分をケアする（定時に帰る、無理せず早目に寝る、お風呂にゆっくり入る、話せる同僚をつくる、等）。
- 上司にカミングアウトして周囲の理解を得る。
- 相談できる人をつくる（予め失礼があるかも知れないことを伝えておく）。
- 受診して医療的なケアを受ける。

うまくできなくてもあきらめない姿が尊い。

「不安症」の世界に入りかけているかも？

旅のストーリー④
厳粛なつなわたり

こんな症状はないですか

- 人前で話す、会議で発言する、上司や知らない人と話す時などに過度の不安や緊張を感じる。酷くなると、動悸、息苦しさ、手足の震え、発汗、顔が真っ赤になる、声が大きくなる、等の症状が現れる。

　不安は本来、脅威やストレスに対する正常な反応（不安により闘うか逃げるかの反応が引き出される）。

　ふさわしくない状況で頻繁に起き、生活に支障を来す場合は精神障がいとされる。

　こころや身体、環境などが関係するが、明確な原因はわからない。

　差し迫った出来事や将来に対する過剰な不安。

　成人は6カ月、子どもは4週間以上続く状態。

　パニック症、限局性恐怖症、社交不安症、全般不安症、分離不安症、選択性緘黙症などがある。

どうすればよいか

■ ストレス要因から離れよう〜休んでいいのだ

- この半年間を振り返り、明らかに不安が増えて自信を失っている場合は受診。
- カフェインの取り過ぎに注意。
- 深呼吸やストレッチで身体を動かす。
- 認知行動療法やリラクゼーション、バイオフィードバック※等。

カフェインの過剰摂取は中毒症状を来すことがあり、神経過敏や興奮、不眠を生じたり、認知面では落ち着きがなくなったり考えがまとまらなくなったり焦燥感が現れたり、そして身体的にもほてりや頻尿、胃腸障害や動悸等が起こる（DSM5のカフェイン中毒の症状）こともあります。

※バイオフィードバック：無意識に進行する体内の生物学的プロセスを意識下に置くことを試みる方法。

「適応障がい」の世界に入りかけているかも？

旅のストーリー④　厳粛なつなわたり

こんな症状はないですか

- 環境にうまく慣れず、不安や抑うつ気分、出勤拒否、対人トラブルなどの支障が生じる（仕事の能率が落ちる、遅刻や欠勤が増える、一人でいたがる、お酒の量が増える、等）。
- 環境が変わった際に発症しやすい。
- まじめな人が一人で抱え込みやすい。

　よく眠れない、腹痛や嘔吐、食欲不振、めまい、ぼんやりする、すぐ怒る、パニック発作、笑顔が減った、無表情で焦点が合わない、疲れ等、精神面や身体面の変化なども現れることがある。うつ病との違いは、明確なストレス要因があって発症するものであって、そのストレスが解消すれば快善することである。

どうすればよいか

■ 自分を変えるのは難しい

- 上記のような症状が続く場合は受診。

■ 周囲がすること

- 干渉しすぎず、否定しない。
- 見守り理解を示す姿勢（「話を聞くよ」「ゆっくり休んでいいんだよ」「よくがんばったね」等）。
- ストレス軽減のための環境の調整。
- 周囲は、本人の変化に気づき相談を促す。

人間なんてものは、
いろんな気持ち
かくして生きてるよ。
腹断ち割って、ハラワタ
さらけ出されたら
赤面して一顔上げて、
表歩けなくなるようなもの
抱えて、暮らしてるよ。
自分で自分の気持ちに
フタして知らん顔して、
なし崩しにごまかして
生きてるよ。

向田邦子「あ・うん」

旅のガイド④

心のメンテナンス
人間の価値は生産性にあるのではない

どんなに元気な人でも頑張り続けることはできません。続けるのは大変だし疲れるものです。走り続ける、食べ続ける、泳ぎ続ける、運転し続ける、遊び続ける、踊り続ける、働き続ける…。

なかでも最も大変なのは「自分を続ける」ではないでしょうか。疲れて当然、休憩を入れて気分転換しましょう。「働く」「関わる」「悩む」そんな自分について考えてみましょう。

私は眠り夢見る、生きることがよろこびだったらと。私は目覚め気づく、生きることは義務だと。私は働く——すると、ごらん、義務はよろこびだった。
タゴール

そこにいるかいないかは、自分で選べる

どんな場所も人間関係も絶対的なものではありません。居場所と生きがいは関係しています。自分を傷つける場所に無理しているのはなぜでしょう。自分の想いに苦しめられる時、脳は味方ではなくなります。身体に聞いてみましょう。笑顔で行け

る場所はきっとあります。
「病で苦しむ人間は何故いつも謝るのか。手間をかけて申し訳ない、咳の音がうるさくて申し訳ない、満足に働けず申し訳ない。自分のことは自分でしたいだろう、咳だって止まらないんだ、普通に呼吸できりゃしたいだろう、一番苦しいのは本人のはずなのに。」
(吾峠呼世晴「鬼滅の刃18巻」~第155話「役立たずの狛犬」~集英社)

自分が何者かは他人が決める?

　どんな人も誰かの役に立ち、信頼され、感謝され、親切にされ、「ありがとう」と言われ、誰かに好かれ、肩書やお金が支えになる人もいるでしょう。仕事でもそれ以外でも「自分には価値がある」と心のどこかで思えることが人を支えます。
　「働く」とは、自分の時間と能力を他者のために使い貢献することです。対価として賃金が支払われます。お金は結果であり「自分には価値がある」と思えることが大切です。
　自分が何者かは他人が決めますが、そればかりを気にする必要はありません。他人にとっての正解が自分の正解ではないからです。他人に合わせることを第一にしていると、本当に自分が何をしたいのかがわからなくなります。自分の意見は殺さず大切に保管しておきましょう。「もう、いいかな」と思える日まで。

対人関係の中に入る勇気

　対人関係にはどこかで勇気が必要です。働く目的は他者に貢献し、自分には価値があると思えることで、対人関係の中に入っていく勇気を与えられることです(もちろん生活するために賃金を得る、ということもあります)。貢献感があるから居場所があるのです。

自分の役割を果たすうちに「役に立てている」「居場所がある」と思えたら、次に困っている人にまで言葉掛けができると素晴らしいですね。「よかったらやりますよ」「できることあったら言ってね」と言われた人はどんなに嬉しいでしょう。

自他ともに特性を理解する

ADHDの特性によりミスや失敗をしても「やる気」の問題と思われるのは辛いところです。対人関係や苦手な事務処理がうまくいかない等の特性に気づかず、自他ともに「ダメなやつ」と落ち込み、誤解の中で二次障がいになることもあります。

・見た目ではわかりにくいので誤解されがち。
・特性は「気のもちよう」だけではどうしようもない。
・自分の特性に関する対策が具体的でない。

本当の悩みを人に言えない

話した時点で悩みは解決しています。話せるかどうかが問題で、ドアノブは自分の側にしかありません。

自信がなくて開き直る勇気がもてない時、周囲を傷つけながら自分をガードして守るしかありません。「誰もわかってくれない、かまってくれない、助けてくれない」とは言えないのです。

心屋仁之助さんは、そんな状態を、飲み過ぎて気分が悪いのだから吐けば良い、として「癒してもらう。本音を吐く。そして笑う。緩む。」ことが大切だと言います。自分の性格が嫌でも、「性格は自分の身を守るために形成されたプログラムである。だからイヤな性格であっても、あなたを守ってくれていた。」のです。

（心屋仁之助「すりへらない心をつくるシンプルな習慣」朝日新聞出版）

「吐く勇気」に繋がる何か（人、物、趣味や活動、ペット……等の癒し）があると良いですね。辛い事実や心の傷は無くなりませんが、満潮になると見えていた岩礁が海の底に沈むように、今が幸せな環境になれば、傷は癒されます。

3世代前からの影響下にあることを知る

　与えられたものしか人に与えることはできません。自分がどのような環境で育ち、周囲から何を与えられたのかは対人関係に決定的な影響を及ぼしています。その影響を与えた養育者もその養育者から影響を受けていました。良い影響であれ、悪い影響であれ、そのことを知ることが重要です。問題の真相に近づくことが可能になるからです。

　家庭環境は大切です。家庭内での居場所や親の関わり方に今の自分は大きく影響されています。

　これが絶対に正しい、と言う訳ではありませんが、出生順位別の特性を自己理解に生かしてください。

【第1子】
・高い期待を受け、注目の中心にいる
・頼れるボスタイプ
・完璧主義で、ルールに忠実
・生産的で実用主義傾向が強い
・何ごとにもベストを尽くす

【第2子】
・第1子を意識し、反対の道へ
・おだやかで感受性が強い
・創造性があり、ユーモアに富む
・リスクを負っても、何かにチャレンジ
・劣等感に苛まれることも

【中間子】
・居場所を感じにくい
・不平等感をもちやすい
・感情的で感受性が強い
・平和主義で衝突が苦手
・仲介役や人助けが得意

【末子】
・ほしいものを手に入れる
・大変なことは人にやってもらう
・チャーミングでユーモアがある
・劣等感を感じやすいが、克服する自信をもって動ける

【単独子】
・自分は特別と感じやすい
・人からも特別に扱われたい
・知能も達成意欲も高い
・人と分かち合うことが苦手
・自分勝手でわがままなことも

(梶野真「仕事も人生もうまくいく実践アドラー心理学」ナツメ社) より

「すねている自分の本心」に向き合う

　無視された、嫌われた……「そんな気がする」という思い込みから人間関係はこじれるもの。「すねる」を手放して本当に伝えたいことに向き合い伝えましょう。相手にイライラしたり、怒ったりするのは、自分の「～するべき」に反しているから。「～するべき」ではなく「したいからする」基準で行動しましょう。他人は変わりません、変えられるとしたら自分の意識です。

「防御する自分」に向き合う

人は心の中に触れられたくない傷を背負って、それでも耐えているものです。「大丈夫？」と言われても「大丈夫、大丈夫」と言うしかありません。「聞いてほしいことがあるんだけど」とは言えないのです。自分の中で解決していないことを聞かれたくない時に「大丈夫」という言葉で防御します。

人間は解決できることのみを問題にする

「何を解決できるか」よりも「何を問題にできるか」が重要です。「話そうか、どうしようか」と迷ったら勇気を出して話してみましょう。嫌なことや恥ずかしいことに向き合い、言えるようになると心の重荷が取れて楽になります。

そのためには自己開示して相手に安心感を与えることです。「じゃあ、あのこと話してみようかな」と思われるような自分であることです。自己開示する勇気がお互いを支えます。

「知っているふりをする自分」に向き合う

　赤ちゃんの時は、みんな何も知りませんでした。次第に知ることが増えたのです。
「知っている」とは「完璧に知っている」「できる」ということです。中途半端に知っている、やったことがある、というのは「本当はわかっていない」ということです。私にもそういうことがたくさんあります。
「何も知らない自分」「本当は大丈夫じゃない自分」に気づくこと。それを開示して笑えること。楽になり、次に進みましょう。

自分のハードルを下げる

　さまざまなことを否定的に捉えて攻撃する人がSNSなどでよく見られます。自己防衛手段として、周囲の価値を下げることで自己肯定感を上げようとします。一時的には良いかも知れませんが、自分の楽しみも奪うことになります。自身の弱さと向き合うことができないため相手の良さに注目することもできません。その結果、否定や怒りの悪循環から抜け出せず、世の中が嫌になってしまいます。

　悩むのは悪いことではありません。成長へのスタートラインです。日常の何気ない「できたこと」を数えてみましょう。現状を肯定し「今は今で幸せ」と考え、腹の立つことや失敗も「まあ、いいや」と自分の中のハードルを下げてみてはいかがでしょう。

劣等感が強すぎる人の自己防衛

　誰しも劣等感はありますし、成長への原動力でもあります。「まだまだだな」と思うことは大切です。しかし、強すぎるとコンプレックスと

なり、自分を守るための「できない理由」を探します。

- 他者批判（お前のせいで成果が出ない）
- 軽蔑（なんでこんなこともできないんだ）
- 自尊心の低さ（この状況でなければやれる）
- 自己批判・罪悪感（自分は何をやってもダメ）

劣等感から生じた「強すぎる優越感」

「一番だからすごい」「良い学校に入ったからすごい」「社長だからすごい」「豪邸だからすごい」等、比較によって自分の存在意味を見出すような社会で育つと、多かれ少なかれこのような価値観に巻き込まれます。外から見た自分にしか価値を見出すことができないとプライドばかりが育ち、本当の自信が育ちません。その結果、必要以上に自分を大きく見せ、虚栄心で無力感を隠そうとします。

自分の弱さと向き合う

　繊細で傷つきやすい人が多いと思います。私もその一人ですが、オードリーの若林さんの言葉に励まされました。お勧めの本なので、少し長くなりますが引用します。
「自分の気持ちを優先するか、相手の気持ちを探るか。どっちかではないだろう。バランスだろう。相手の気持ちを気にし過ぎる人は病気になって、自分の気持ちを優先し過ぎる人は自己中心的だと嫌われるだろう。ただ、他人の気持ちばかりを気にしている人は、そのカーソルを自己中心側に少し移動させるほうがいいのかもしれない。（中略）自分の気持ちを素直に言えるようになるための第一歩は『自分に自信をもつ』みたいなしょうもない絵空事じゃない。自分が臆病であることを認める

ことである。そしてそれを大いに笑ってもらうことである。例えばそれは『ブスな人が自分をブスだと認めるか、認めないか』の間に流れている激流の川を渡るか渡らないかみたいなことだ。自分の顔を好きになるのはその後だ。」

(若林正恭「ナナメの夕暮れ」文藝春秋)

「ブス」という言葉には問題があるのかも知れません。しかし、私自身は「ハゲ」という激流を渡ることで開き直り、多くのものを手に入れることができました。問題は言葉の表層ではなく、言葉の奥にどのような感情が込められているのか、です。

生きていく本当の自信

「人より優れている」と言う優越感で自分を保つ人が多くなったと思います。優越感も劣等感ももつ必要のない「本当に自信のある人」が少なくなりました。「失敗しない」のではなく「失敗しても自分は大丈夫」と思える人、自分の弱さを開示して助けを求めることができる人が「本当に自信のある人」です。

複数の集団に属する

　友だちでもサークルでも家族でも、複数の集団に属していることがセーフティーネットになります。ある集団で「もうダメだ」と思っても、他の集団では大丈夫、という状態が救いになります。

「♪〜例えそれがダメだとしてもね♪ NO それだけが自分じゃない、YES 風向きが変わった今、飛び立とう〜♬」

(「always」作詞：倉木麻衣　作曲：大野愛果)

この歌の中で「思った通りにやってみよう」と歌われています。人生はあなたのもの。やりたいことを見つけて楽に生きましょう。「やりたいこと」がなければ「すがれるもの」を見つけて楽になりましょう。
　ストーカーや依存にならないよう、「ほどほど」を忘れずに！

「やりたいこと」がわからない人をつくる社会

　私は幼稚園の頃に「なぜ自分は生きているのか？」と思い、すぐに答えが出ました。「楽しみがあるから」です。楽しいだけの人生は小学校5年生くらいまででした。「勉強しなければならない」という観念が頭のどこかに住み着き「楽しい」と併存するようになりました。「やらなければならないこと」を学校や周囲から強要されて「やりたいこと」が追いやられて行きました。「やらなければならないこと」が優先なのです。働いている現在、皆さんもそうではないでしょうか？

　やりたいことを我慢しているうちに、やりたいことがわからなくなってしまった人の何と多いことでしょう。ゲームは達成感や悔しいという感情で気分転換になります。その一方でゲーム依存になってしまう人もいます。eスポーツと言う前向きな方向を求める人もいて、大切なのはバランスと使い方です。

　本当にやりたいことに気づくことが怖くて「やらなければならない」仕事に没頭せざるを得ない、という人もいるでしょう。「やらなければならないこと」の中に、できるだけ「本当にやりたいこと」をみつけること、面白がる力をつけることです。

「やりたいこと」を妨げる脅威

　夢中になれることを妨げる（自分を守ろうとして行動できない）理由をアドラーは3つにわけました。

・身体的脅威（ケガや病気）
・社会的脅威（人からの避難や軽蔑、嘲笑）
・自尊心の喪失

　これらから目をそらすために言い訳や攻撃、不安、距離をとる、排除等を行います。
　同調圧力は自分が意識するから圧力になります。自分で自分にかける圧力はなるべく少なくするのが賢い生き方です。私の仕事上の悟りも「成沢先生、何やってんの！」と思われても気にしないところから始まりました。

「やりたいこと」を見つけるヒント

　やりたいことに気づくために「お金も時間も必要なものがすべてあるとしたら何をしたいか？」「それをするために最初に何をするか？」「それをやらなかったら死ぬ時に後悔することは何か？」「つい話してしまうテーマは？」「時間を忘れてやってしまうことは？」などと自分に聞いてみましょう。

　「楽しいことノート」を作り、些細なことでも日々の楽しいことを書き出します。書いているうちに自分の好きなことがわかってきます。好きなことがあるだけで、朝、起きられるものです。

　今すぐ取り掛かりましょう。時間には限りがあります。

あなたはレールから外れて生きるスキルをもっている

　特性ゆえに人と違うところでつまずいたり、失敗したり、落ち込んだりした経験があると思います。人は失敗と思える状況に置かれた時に、外から押し付けられた社会通念のようなものと対峙せざるを得なくなり

ます。しかし、この経験がより深く考え、自分の中の可能性を開花させるきっかけともなります。

レールから外れて生きてきた経験が多いほど、スキルも他の人より多く持っているはず。その状況を乗り越えることにより、次にまた同じ場面と出会った時、今度は楽しんで乗り越える、日常生活の中でレールから外れることを面白がることができるようになります。あなたはその経験値が人より豊富なはずです。

嫌いな人だからこそ大きな声で挨拶する

同僚の場合は一緒に仕事ができる関係を目指しましょう。一緒に働くうちに好感がもてれば素敵なことですね。自分と同じ嫌な部分をもっていたり、苦手な誰かに似ていたり、生理的に嫌だったり、理由はさまざまです。嫌いな人には「乗り越える課題」くらいに思って必ず大きな声で挨拶しましょう。

自分にとって信頼できて、耳の痛いことを言ってくれる人は宝物です。大きな失敗からあなたを救ってくれるでしょう。
「楽しいことノート」の次に、「あいつの良いところノート」を作るのも良いですね。これが書けるようになれば自分にかなり自信がついてきます。最初は書きやすい好きな人から、次第にそうでもない人、嫌いな人に進みましょう。結果的にあなたの人生を肯定し楽にしてくれるでしょう。

他者を変えようとすると状況は悪化する

家族、友人、恋人……誰であれ、その人を変えようとすると状況は必ず悪くなります。自分を変えようとする相手にどこまでも抵抗するからです。「この人の言うことを聞いて自分は変わりたい」と思えなければ

旅のガイド④ 心のメンテナンス　人間の価値は生産性にあるのではない

決して変わりません。変わりたい場合は向こうから来ます。自分の足元すら見えていない状態で、他人の問題に立ち入ることはできません。

　自分が相手に勇気や生きる希望を与えられる人に「変わる」ことです。良いところを見つけ出して伝えられる自分に「変わる」のです。

相手に左右されず自分は誠実でいる

　嫌な人がいても、そのペースに合わせてはいけません。裏切られても自分は裏切らない、騙されても自分は騙さない、誠実な人には誠実な人が寄ってきます。比較するのは他人ではなく、理想とする自分です。自分のペースで生きて成長してください。

ネガティブでもポジティブでも良い

　人類が狩猟生活をしていた頃、移動して獲物を得ようとするタイプと危険があるかも知れないから移動しない方が良いとするタイプがあったそうです。対立する両者がいることで議論が深まり、新たな第3の選択肢が生まれます。対立は良い道を切り開くために必要な過程です。

　生きづらさを抱えやすいネガティブ思考の人は「悩む力」がある人です。思考を深めると同時に、得意な「好きなことに没頭する過集中」で乗りきりましょう。

生き物としての感覚を大切にする

　よく寝られる、ご飯がおいしい、深く呼吸できる……そういう環境の中に自分をおくことです。生産性を重視している社会では息苦しくなることが多いと思います。「こんなところにいたらダメだ」と思うのは生き物としての自分が正常だからです。本当の自分を生きている人は、不登校やひきこもりの中にたくさんいると思います。

　学生の頃、カップラーメンばかり食べていると定食が食べたくなりました。身体が必要な栄養を欲しているのです。入院している時には、自分の中の自然が失われるような感覚になります。早く退院したい、ここにいてはいけないような感覚になります。生き物としての感覚が人工的な病院の何かと不具合を起こしているのでしょう。

　あなたの中にある「生き物としての感覚」を大切にしてください。頭ではなく身体や感覚を研ぎ澄ませましょう。その上で、世知辛い社会の中で生きていくための武器が「過集中」や「面白がる力」「誠実さ」だと思います。

「われわれはこんなことを言う。『彼は無為のうちに一生を過ごした。彼は今日は何もしなかった。』─何を言うのか？あなたは生きたではないか？生きるということはあなたの根本的な仕事であるばかりでなく、あなたの仕事のなかで最も輝かしい仕事である。」
　　　（モンテーニュ／松浪信三郎訳「エセー＜下＞」『世界の大思想7』
　　　　　　　　　　　　　　　　　　　　　　　　　　　河出書房新社）

生きている事。
生きている事。
ああ、それは、
何というやりきれない
息もたえだえの大事業で
あろうか。(中略)
いままで、生きて来たのも、
これでも、精一ぱい
だったのです。

太宰治「斜陽」

すべての悩みは
対人関係の悩みである。

A・アドラー

人は皆、必死で
変わらない努力を
している。
A.アドラー

無知だという
自覚をもつ。
細心の注意を払って。
H.D.ソロー

苦悩は人間の能力の
一つである。
ヴィクトール・E・フランクル

死ぬ瞬間に人は
山ほどの真理に気づく。
財産を築いても
無駄であることも知る。

H.D.ソロー

自分の身体や自分の
心からしてがすでに
気に入っていないのです。

夏目漱石「行人」

消しゴムが悲しいのは、
いつも何かを消してゆく
だけで、だんだんと多くの
ものが失われてゆき、
決してふえることが
ないということです。

寺山修司「書物の国のアリス」

敵を許しなさい。
相手にとってそれが
一番不愉快なことだから。

オスカー・ワイルド

自分に誠実な人だけが、
他人に対しても
誠実になれる。

エーリッヒ・フロム

未来のために今を
耐えるのではなく、
未来のために
今を楽しく生きるのだ。

チェ・ゲバラ

なりたかった自分に
なるのに遅すぎる
ということはない。

ジョージ・エリオット

もお♬♪ど・止まらない〜

う・に・も・♪

旅のストーリー⑤

旅のストーリー❺

考えすぎて辛くなる。
何かに助けてもらいたい

もお♬♪ど・う・に・も・止まらない〜♬

　中学生の頃から花粉症で鼻づまりがひどく、春や秋には嫌な感じでした。耳鼻科で鼻中隔湾曲症の手術をしたこともあります。大人になってからも「大きないびきをかいている」と家人から言われ、日中、眠かったり、疲れやすかったりするので、睡眠時無呼吸症候群の検査をすると、やはりそうでした。昔から**耳鼻咽喉科には度々お世話になっています**。

　好きなこと以外で、自分が主体となって何かをするのが苦手です。いつも人の後をついていくようにしています。そのくせ「やり方がまずい」などと文句ばかり言ってしまいます。みんなのお世話をしたり、おもてなしをしたりするのが苦手なのです。「長」よりも「副」や「部員」の方が好きです。

　友人と飲み屋に行ってビールがなくなっても「飲み物、注文する？」と言うのはいつも私以外の友だちです。友だちの希望を聞きながらタイミングを見計らい「すみません」と言って注文するのはハードルが高いのです。店員が聞いていないと傷つき、腹が立ちます。注文するだけで勇気と複雑な手続きがいるのです。だから、コース料理が好きです。**誰かに依存するのが楽なのです**。いろいろなことを考えて全体としてまとめるのは難しいことです。

　小さい頃から何にでも影響を受けやすく、「キャプテン翼」を見てサッ

カーを始め、「スラムダンク」を見てバスケットボール部に入り、「ハイキュー!!」を見てバレーボールクラブに入り、「ブラックジャック」を見て医者になろうとしましたが、無理でした。映画でもアニメでも純粋にのめりこんで、自分が主人公になりきります。しかし、飽きっぽいため、どれも長続きしませんでした。

　特に、語学や楽器の習得は継続が必要なので、私には向いていませんでした。

　大人になってからはスマホが手放せず、ラインやゲーム、ネットなどを頻繁に見ています。夜になって床についても止められず、深夜までやってしまうこともあります。寝不足のまま会社に行くことが度々ありました。

　いつものことですが、**時間ぎりぎりに会社に着きました。遅れることもありますが、今日はセーフでした。**

　机の上にカバンを置いたところでハッとしました。

「封筒！」
　大切な書類の入った封筒を電車に置き忘れて来てしまいました。
「カバンの中に入れておけば良かった！」
　朝、時間がなくて封筒をカバンに入れずに、そのまま持って家を出たのでした。

　どうしようか考えましたが、正直に言うしかありません。やってしまったことは仕方ないのです。

「あの、すみません、取引先からの書類を電車の中に忘れて来てしまいました」

103

「何だって！？」
「すみません」
「バカヤロー！！どうすんだ！」
「…」

　上司は真っ赤になって激怒していますが、やがて諦めたように言いました。

「もういい」
　席を立ち、出て行ってしまいました。上役に相談しに行ったのでしょう。社員たちは呆れ顔で私を見ています。笑っている者もいました。

　しばらくして上司が戻ってきました。
「部長とこれから先方にお詫びにいく。お前も来い」

　3人で車に乗り込みましたが、気まずい空気に胃が痛くなりました。事後処理に半日費やし、会社に戻ってからも椅子に座ったまま呆然としていました。

　仕事が遅れて催促されるとイライラしてミスが多くなります。こんなことになった自分に腹が立ちます。

　そんな気持ちも知らずに同僚が話しかけてきます。

「あれ、できた？」
「ちょっと待って」
「早くしてくれよ。俺の仕事が遅れるじゃないか」
「わかってるよ、期限は今週中なんだから、まだ良いだろ！」
「俺にも予定があるんだよ。金曜日いないんだから」
「知らないよ、そんなの」

104

「ったく！」

　同僚が舌を鳴らすと、殴ってやろうかという感情が沸き起こりました。

「うるせえ！」
　そう言うと、私は席を立って出て行きました。

　会社では、いろいろあってストレスがたまり、休んでしまうこともあります。家にいるとネットやゲーム以外に何もせず、お菓子を食べて食事は日に1回程度になっています。家人から注意されることもありました。

　ゲームを効率よく進めるためにアイテムが欲しくなり、ゲームで課金を始めました。はじめは少しだけのつもりでしたが、気が付くと数十万になっていました。やばいです。

　晩酌の量も次第に増えています。500mlのビールの後、焼酎のお湯割りを飲んでいると、何杯目なのかわからなくなるまで飲んでしまいます。
　お酒とは、飲んでいる時は常に「飲み足りない」と思い、次の日には必ず「飲み過ぎた」と思う悪魔の飲み物です。

　風邪をひきそうだったので薬を飲みました。飲酒の後で飲むと死んだように眠れます。大人は3錠ですが、4錠飲むことがあります。その時はアルコールの力もあってか、朝起きると身体が重くダメージを受けているのがわかります。

　アルコールの量は増えるし、休肝日もなくなっています。このままだと身体を壊すんじゃないかと心配なのですが、なかなかやめられません。

次の日は遅刻しました。やはり風邪をひいたみたいで、体調が悪く熱もあったのですが、今日中に終わらせなければならない仕事と会議の資料作成があったのです。

「大丈夫か？」
　上司が見るに見かねて声をかけてくれました。

「大丈夫です。」
　そうは言いましたが、大丈夫ではありませんでした。しかし、何とか今日の仕事はやり終えて帰りました。

　その後、ミスだらけの私の仕事を上司がやり直したことを噂で聞きました。

耳鼻咽喉科には度々お世話になっている

理由

・ADHDと耳鼻咽喉科領域の疾患は関連が深い、と言われる。

　加藤俊徳氏によると「ADHDと耳鼻咽喉科領域の疾患が高頻度に併存し、脳の聴覚系や運動系の問題が起こることがわかってきました。しかし、耳鼻咽喉科領域の疾患では、背後のADHDがなおざりにされていることが多くあります。」とされる。（「ADHDコンプレックスのための脳番地トレーニング」大和書房）

誰かに依存するのが楽

理由

- 誰でも面倒なことは他人に任せるのが楽。
- 我慢できにくいため、自分でがんばるのを嫌がる。
- マルチタスクや実行機能が弱いためうまくことを遂行できない。
- 自分の気持ちがわかりにくく、他人に合わせるのがクセになっている。
- 無意識に依存の対象を見つけてのめり込んでしまう。

　自立とは適切に依存している状態。「適切に」ということが難しく、好きな場合はのめり込み過ぎるし、好きではないことには関わろうとしない。「好きではないこと」について他人任せにしがち。

どうすればよいか

自分はどう考えるのか、考えてみる

- 人生、義理と人情だ、と肝に銘じる。
- 他人任せにする自分で良いのか？自問自答する。
- 周囲に大きな迷惑をかけていなければ良しとする。
- 不義理をしてでもストレスがかからない方が良い、と考える。

　義理を果たさないといけない、と思う心が同調圧力を生む。上2つよりも下2つを選んだ方が同調圧力は感じにくい。自分も自分に圧力をかけている一人。会社や学校を休むと行きにくくなるのは、そのため。
　自分が最も楽になる考え方をする。

⇨（旅のガイド⑦「考え方や行動を修正して楽になる」P162参照）

スマホやゲームに のめり込みやすい

理由

- 「〜したい」という衝動を抑えられない。
- 過集中になりやすく、体調の変化を感じにくい。
- 時間感覚が弱い（時間を忘れて集中する）。

どうすればよいか
ほどほど、を意識しよう

- 好きなことには（人にも）「ほどほど」を意識する。
- 他に夢中になれることをいくつかみつける（過集中の分散）。
- スマホを持たない時間をつくる（散歩、映画、水泳などの運動等々）。
- 費やした時間を把握する。

時間に遅れる・ ぎりぎりになる

理由

- 時間の管理が苦手。
- 余裕をもって行動しない（まだ大丈夫、と思う）。
- 早く着くと空白ができてしまうと感じている。
- 他の事に気を取られる。
- 自分優先で待つ側のことを考えにくい。

- 大きく遅刻することは稀だが、ギリギリか少し遅れる、ということを繰り返す。

> どうすればよいか

命は時間の中にある、お互いにとても大切

- 「絶対に遅刻しない」と決心する。
- 時間を20分早めに設定して行動（見積もりの甘さをカバーする）。
- 「あとどれくらい」が視覚的にわかりやすいアナログ時計にする。
- 今、何時頃か想像して時計を見る（これを繰り返すと時間感覚が磨かれる）。

大失敗して頭を打つのも一つの方法かも。

ミスが多い

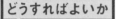

> 理由

- 忘れやすい（脳内の受け皿が少ない）。
- あちこちに意識が飛ぶ。
- 思い込みが強い。
- 確認せずに行動に移す。
- 目的が明確でない仕事の必要性を理解できず、集中できない。

> どうすればよいか

工夫と集中でミスを最小限にする

- スマホやメモ帳に書く（脳の外に受け皿を増やす）。

- 自分でダブルチェックして、他人にもしてもらう。
- 声に出して確認する。
- 指さしで確認する。
- 印刷物にして確認する。
- 時間をおいて、再度チェックする。
- ミスがない日は自分へのご褒美を与える。

「ネット依存・ゲーム依存」の世界に入りかけているかも？

旅のストーリー❺

〜お♬♪ど・う・に・も・止・まらない〜♬

こんな症状はないですか

・長時間、毎日ネットやゲームをしている。

　スマホやゲームが手軽なストレス解消になる上、すぐ身近にある。

　注意されて止められるのなら良いが、注意されて怒るようになると依存の可能性がある。健康状態や社会生活、人間関係に支障をきたしていないかが目安。

どうすればよいか

■ 本人は自覚しにくい

・時間を決める。

・他に充実感が得られるものをつくる。

・家族などに注意されているか、意識する。

こんな症状はないですか

・課金をするようになる。

　刺激に脳が慣れて、更なる刺激を求める。効率よくアイテムを手に入れたくなる。

どうすればよいか

■ 家族が気づくことが多い

・様子をみると悪化する可能性がある（早目に相談や受診をする）。

・ネット依存やゲーム依存の相談窓口がある医療機関もある（久

111

里浜医療センターには NIP という治療プログラムもある）。
- 家族はネットやゲームを知って理解し、ルールを決めて調整する（本人の希望でなければ、ネット環境を急に遮断しない）。
- 家族は本人との会話を増やし、生活習慣の改善を目指す。
- 家族全員で話し合い、スマホを持たない機会をつくる。

「アルコール依存」の世界に
入りかけているかも？

旅のストーリー❺

もお♬♪ど・う・に・も・止まらない〜♬

こんな症状はないですか

・お酒の飲み方（量、タイミング、状況等）を自分でコントロールできない。

　休肝日をつくれない、ほろ酔いでは飲んだ気がしない、飲酒時の記憶を失うことがよくある、二日酔いになることが度々ある、生活習慣や人間関係が悪化する。

どうすればよいか

■ わかっちゃいるけど、やめられない

・飲む量を最初に決めて飲み始める。
・なるべく度数の低いお酒を飲む。
・食事の時に飲む。
・別のストレス解消法をみつける。
・今、どれだけ飲んだか家人に伝えてもらう。
・「身体を壊すまで飲み続け人生が終わる」と「休肝日をつくる」を天秤にかける。
・薬や減酒治療など、医師（精神科や心療内科、内科）と相談しながらすすめる。

　飲酒を続けると耐性ができて酔いにくくなり、酒量が多くなりがち。常に飲酒するようになると脳がアルコールのある状態が通常と判断するようになり、飲酒をやめると発汗や震え、不安、イライラなどの離脱症状が出るようになる。

どうせ生きている
からには、苦しいのは
あたり前だと思え。

芥川龍之介「仙人」

配られたカードで
勝負するしかない。

スヌーピー

旅のガイド⑤

特性と向き合う
ギリギリ・先延ばし・うっかり・完璧

　欲望をかき立てる刺激が満ち溢れ、不注意になりやすい社会の中で私たちは生きています。我慢しなくてもネットですぐに入手でき、衝動性が助長されやすく、自己コントロール力は養われにくい環境です。便利さや見かけの豊かさと引き換えに、大人から子どもまで危機的な環境の中にいるといえます。

　そんな社会の中で生きるわれわれの特性を工夫でカバーしつつ、プラス面を生かすにはどうすれば良いか考えてみましょう。

今日までとは違う明日を手に入れる ～命は時間の中にある

　日野原重明さんは「命とは君たちが持っている時間」「寿命という大きな空間の中に、自分の瞬間瞬間をどう入れるかが私たちの仕事なんですね」と言いました。
　時間とは命。最も大切なものの一つです。遅れることは相手の時間を奪うことになる、と意識しましょう。

「時間の見積もりが甘い」と自覚する

ギリギリになったり、遅刻したりするのは時間のイメージがきっちり持てず「何とかなる」と言う甘い見積もりをしているからです。「〜時までに行く」と言うのは「〜時に行く」ではありません。「までに」をどの程度の「前」と考えているのか見直しましょう。

予定を詰め込まない

空き時間をつくるのが嫌なので、ちょっとでも時間があるとすることを詰め込み、ギリギリに行こうとする感覚を改めましょう。目の前のことに反応しやすい、忘れ物をしやすい、間違えやすい、あわてやすい等々、自分の中には元々ギリギリや遅刻になる要素が山ほどあることを自覚して、時間にのりしろを作って考える習慣をつけましょう。

- 思っている最短時間では絶対に行けない、と自覚する。規定の時間の30分前に着くように行く、と決める。
- 着いてからのスキマの時間ですることを決めておく（トイレ、コンビニ、読書、ゲーム、ネット等）。
- 仕事の場合はラッシュアワーになる前、早目に行って仕事をする。
- 移動の経路や方法を具体的に調べておく（乗り換え、本数、時刻等）。
- そのためには何時に家を出ればよいか確認してタイマーをかける。
- 準備することに何があり、どのくらい時間がかかるのか余裕を

もって具体的に知っておく（食事30分、歯磨きと化粧20分、トイレ10分、持って行く物の準備10分、着替え10分）等。前日に持って行く物と着ていく服を決めて用意しておくと短縮できる。
- 家でのスキマの時間は出発の準備のみにする。

時間を逆算して計画する

（例：午後2時に待ち合わせ）
- 午後1時40分には到着。
- 最寄りの駅に午後1時30分には到着。
- 12時20分の電車に乗る。
- 家を12時0分には出る。
- 早目の昼食を11時30分までに食べる。

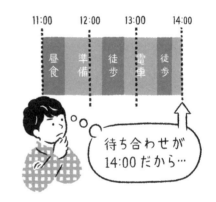

「どうにかなる」という妙な自信

　追い込まれると実力を発揮して何とかなって来たことが「ギリギリになる」「あとまわしにする」を強化しています。体調を崩す、緊急の用事が入る等、予定外のことが起こり、どうにもならなくなって頭を打ってばわかるのでしょうが、周囲に迷惑をかける前に余裕をもって仕事をこなせる習慣をつけたいものです。

あれもこれもで中途半端

　いろいろなことに手を出して中途半端になったり、つい欲張ってし

まったり、断わるのが苦手で引き受けてしまったりすることで自分を追い込むことになりがちです。「だいたいわかった」と思うと飽きてしまいます。広く浅くなりがちですが、好きなことには集中して掘り下げる力があります。

刺激に敏感で飽きっぽく、複数のことを同時に進めるのが苦手なので、一つ一つ確実に終わらせるよう心がけましょう。

先延ばしの背景にある「ためらい」

成功する確信がもてない時、「失敗するかも」「恥をかくかも」「疲れるかも」などと不安になるものです。「やる気にならない」「時間がない」などと言い訳をしつつ対象から距離を置いて保留にします。根底には「ためらい」があり、「何もしない」ことで失敗のリスクを避けようとするのです。さらに、時間感覚や実行機能が弱い等の特性により先延ばししてしまいがちです。

※実行機能：目標までの手段や計画、時間配分、優先順位などを考えながら上手く調整する力。

手を付ける順番がわからない

時間感覚が弱い、長期的な計画を立てるのが苦手、締め切りを意識しにくい、等により優先順位を好き嫌いで決めてしまいがちです。苦手なことにはスイッチが入りにくいため、嫌いな仕事を後回しにします。やろうとしても手をつける順番がわからないため自分を追い込んでしまいます。

優先順位を意識する

「絶対にしなければならないこと」を選び「しなくても良いこと」を消去します。カレンダーにすることを書き出して締め切り日を明示します。することを書き出した付箋を優先順位の高いものから順番に張り付けます。優先順に色を変えるのも良いですね。

◎すぐにやる　　○今日中　　□今週中　　△できる時

　やり残しの仕事があると忙しく感じて疲労感がたまるので、できるだけやり切ってしまいたいものです。

段取りよく進めてアイデアを生かす

　アイデアが豊富ですが、実現するまでの段取りが苦手です。突拍子もないことや空想することが好きですが、具体的なプロセスを考え実行することには興味が薄いのです。

　アイデアのままに独走するのではなく、共に実行まで協力してくれる人がいてくれると良いですね。私と編集者の関係がそれです。そのためには人と上手くやっていくことが必要になります。

興味のないことに取り組めない、続かない

　片づけようとした本を読み出す、勉強しようとしたらペン回しを始める……思考がぶれて、脳が「働きたくない」と言っている状態です。さらに、受け身でいると面白くないため長続きしません。「よし、やろう！」と思っても段取りを考えるのが苦手で手順もわかりません。

- 実行に移すまでのきっかけ、仕込み、呼び水が必要（エンジンをかける時のプラグのようなもの）。
- 枠組みから作る（内容は決まっていなくてもタイトルだけを書く、等）。
- することを一つだけに絞る。
- 自分にとって面白いものにする。
- 日頃から面白いことに接して、自分でも発言するようにする（お笑い番組や漫画、等）。
- 出来た時のご褒美を用意する。

活動の内容と時間の使い方

　私はいつも原稿を午前中に書きます。頭が冴えているのは午前中で、昼食後は眠くなり夕方になると疲れて来ます。夜は仕事になりません。することの優先順位とする時間をはっきりさせましょう。人と会う仕事はできるだけ午後にします。

複数のことに注意を向けにくい

相手の話が理解できなかったり、資料や書類の読み込みに時間がかかったりします。聞くべきことや見るべきところを見ることができないため内容の理解が難しくなります。

ワーキングメモリーを補助するのがメモやリマインダーです。足りない情報の受け皿を外部に作りましょう。

※ワーキングメモリー：言われたことや頭に浮かんだことを一時的に留めておく作業台のような物。広ければいくつかの事項を覚えておけるが、狭いと覚えておけない。
※リマインダー：「思い出させる」という意味の英語。スケジュール管理やメモの内容を思い出させる機能やアプリ。優先順位の設定ややるべき仕事のリスト化、電話のかけ直し通知等の機能がある。

2つ以上のことに注意を向けられないため、複数のことを同時に行うとどちらかが疎かになります。行動をパターン化することで重大なミスにならないことが大切です。「家のカギ閉めたかな？」「ガスの元栓閉めたかな？」と思っても、パターン化して身体が覚えていると大抵の場合、大丈夫です。

周囲を含めて、アプリ等も利用しながらできるだけ楽になるような工夫や考え方をしましょう。

（自分でできること）
・適切な行動をパターン化する。
・すぐに処理する。できないことはメモに残す（優先順位をつける）。
・仕事や予定を詰め込み過ぎない。

- 常に優先順位を意識する。
- スケジュールやチェックリストを見る習慣をつける。
- アラームをかける。
- スマホのリマインダー機能を利用する。
- 深呼吸や1時間に5分程度、休憩をとる。

(周囲ができること)
- 本人が集中している時には声を掛けない。
- 少し待って、ゆっくり考えられるようにする。
- ダブルチェックして確認する。
- 指示は口頭の他に紙やメールで行う。

集中できる環境で「時間内に終わる」を目指す

　追いつめられたら力を発揮しますが、刺激に敏感で気が散りやすい上、複数のことには注意が向きません。興味のないことには集中できず、持久力が弱いので集中力が長続きしません。以下のような工夫で乗り切りましょう。

- スマホを含め、今している活動以外の気が散りやすい物を取り除く。
- 作業を分けて休憩を入れる。
  ※休憩を入れるタイミングは自分に合う方法で。

  「時間で区切る（アナログ時計やタイマー）」「作業内容（ここまで出来たら）」
- 「今やることリスト」を大きく書いて見える所に貼る。
- ひとつのことに集中し過ぎて他の業務ができなくなる危険を自

覚する。

・仕事や予定を詰め込み過ぎない。休日は休む。

・「念のため」を忘れない。

無駄な行動をいかに減らすか

・得意分野をつくる

　「この人はこれが得意」と認められることにより、結果的にやりたくない仕事がまわって来にくくなります。過集中の傾向がある ADHD 系の人なら、仕事に関係ある内容の中から好きなことを極めることが可能だと思います。

・やりたくない仕事をなるべく引き受けない

　そうは言ってもやらざるを得ないこともたくさんあるでしょうが、最小限に留めましょう。困ったら一人で抱え込まず同僚や上司に相談やお願いをするのもありです。その対価は、ユーモアやお礼の言葉や差し入れなど同僚を思いやることです。自分のやりたいことをやるために周囲に協力してもらう分、自分が周囲に何ができるか考え実行しましょう。同僚への配慮は、結果的に自分の居場所をつくることになります。

※「申し訳ありませんが」と前置きしてから「今、いっぱいいっぱいなので」「精神的に不安定なので」「期限までにできないと思います」「引き受けてご迷惑をかけるのが申し訳ないので」等、断る理由を予め用意しておくとおたおたせずに済みます。

・複数の仕事を同時進行させない

　やむを得ないこともありますが、作業を切り替えると仕事の効率が下がります。なるべく一つの仕事をきっちり終えてから次の仕事に取り掛かりましょう。同時進行させる場合は、締め切り日を明示して優先順位を意識しましょう。

・短時間で集中する

　だらだら続けても能率は下がる一方です。疲れたな、と感じたら休憩しましょう。集中できていない時間をなるべく減らし「集中」「休憩」「集中」「休憩」のリズムをキープしたいものです。そのためには生活リズムを整えると共に、妨害とな

るものをなるべく排除した空間が理想的です。
- 適度な運動をする

多動傾向のある人は、なるべく階段を使う、身体を動かす、小さなスポンジボールを握るなど、気分転換を心がけることで能率アップをはかりましょう。アイデアが浮かばない時にうろうろ歩き回ると浮かぶことがあります。ヘミングウェイは立って原稿を書いたそうです。定期的なスポーツやジムに通うのも良いですね。

「ADHD脳の人は運動不足になると症状が徐々に重くなるのです。動かないと覚醒度の低い状態が続き『集中できない、モチベーションが上がらない、物忘れが激しい』など、ADHD脳のあらゆる特性が強まります。多動状態は目立たなくなりますが改善されたわけではなく、多動よりもっと深刻な状態」であるとされます。

（加藤俊徳「ADHDコンプレックスのための脳番地トレーニング」大和出版）

興味がないと上の空、眠くなる

本気になれない内容で、脳の覚醒レベルが低い状態です。睡眠不足だと集中力も落ちて眠たくなります。身体を動かしてリフレッシュしましょう。

睡眠障がい（なかなか寝つけない、夜中に何度も目が覚める、朝早く目が覚めて寝つけない等）や睡眠時無呼吸症候群（いびきをかく、息苦しくて目が覚める、起きた時に頭痛やだるい感じがする、昼間に眠くなる等）などを併せ持っている場合もあります。

「完璧を求め過ぎる」を生かす

やりたいことが仕事なら言うことはありません。仕事の中に時間を忘れるほど集中できることを見つけましょう。そういう活動があるのは幸せなことです。職業選択の段階で自分のやりたいことが多そうな職種を選ぶことが大切です。

こだわりや過集中を仕事に活かして優れた活動をしている人はたくさんいます。

「本当に自分のやりたいこと」を最優先で考える

「絶対にやらなければならないこと」を効率よくこなし、生み出した時間を自分のやりたいことに使いましょう。

私は退職前から頭の中で仕事をAとBにわけていました。実際の生活を支える収入源はAで、本当にやりたいことだけができるのがBです。Bは執筆活動で休日しかできませんでしたが、必ず早朝から行いました。早期退職後はBが支えとなりました。「退職したら」何かを始めるのも良いですが、本当に好きなことは今すぐに始めるべきだし、すでに始めているはずです。

自分にとって一番大切なスケジュールから人生の時間を埋めることです。

旅のガイド⑤ 特性と向き合う　ギリギリ・先延ばし・うっかり・完璧

特性は「なくすもの」ではない

　特性は長所や武器でもあります。自分の特性を理解して対策を立て、周囲も理解してサポートすることで多くの問題は解決できます。適材適所と工夫で力を発揮できます。

　日本は「みんなと同じ」を良しとする風潮があるので、個性的な特性のある場合は子どもの頃より集団からはみ出しがちです。良いところを見てスルーできるところはスルーし、過集中などの特性を武器に社会で活躍してもらいたいものです。

・アイデアが豊富。
・好奇心旺盛。
・フットワークが軽い。
・チャレンジ精神がある。
・新しい気づきがある。
・好きなことには集中力がある。
・切り替えが早い。
・根に持たない。等

「紙一重」をわける真面目さ

　お笑い芸人が真面目にお笑いを追求することで人々を楽しませることができるのに対して、ただふざけているだけの人はみんなを不愉快にします。

　WAHAHA本舗の久本雅美さんは「その人の持つ特性をどう生かしていくかが、人生においてはとっても大事なことだけど、紙一重の違いを分けているのは、真面目であるかどうかなんじゃないかな。」と言います。

　　　　　　　（久本雅美「みんな、本当はおひとりさま」幻冬舎）

特性が人類を救うかも

　人間は、他の動物と違い、新しい発見や発明を共有できる能力を持っています。エジソン、アインシュタイン、モーツアルト……多くの特性のある人々のおかげで文明が進化し豊かになりました。天才病とも言われる所以です。そして、今、グレタさんなど、地球温暖化、環境破壊に警鐘を鳴らす人々に耳をかす時が来ています。

　「新奇性探求と関連した遺伝子多型は、平和で社会が安定した状態では不利に働くかもしれないが、社会が混乱し激動化した時代には強みを発揮するのだ。（中略）過去において大移動を経験した民族では、この多型をもつ人の割合がそうでない民族よりも高いという。ADHDの原因にもなる遺伝子が民族の危機においては新天地を目指して果敢に冒険する原動力となったのである。それによって生き延びることができたから、この遺伝子も残っているのである。その有用性が求められる動乱の時代が再び来ようとしているのだろうか。」

（岡田尊司「発達障害と呼ばないで」幻冬舎）

時間の使い方は、
そのまま命の
使い方になる。

渡辺和子

絶えずあなたを何者かに
変えようとする世界の
中で、自分らしくあり
続けること、それが
もっとも素晴らしい
偉業である。

ラルフ・ワルド・エマーソン

他人と同じように
飼いならされる理由は
どこを探してもない。

H.D.ソロー

死んだ魚は流れに
身をまかせるが
活きた魚は流れに
逆らって泳ぐ。

ドイツの古い諺

私は流れに
逆らって泳ぐことで
強くなったの。

ココ・シャネル

不安転じて強迫となる

旅のストーリー⑥

旅のストーリー❻

私が私を追いつめる

不安転じて強迫となる

　部屋が汚い、とよく言われますが片付けられません。捨てることができないのです。だって、また必要な時が来るかも知れないし、その時に無かったら「あの時、捨てなければ良かったな」と後悔するに決まっています。それが怖くて廃棄することができないのです。

　まあ、汚くても死ぬ訳じゃないし、面倒くさいから、そのままにしてあります。

　今日は「先勝」です。午前中に行動しなければいけません。友だちと一緒にランチを食べる約束をしているので、ドアの鍵を何度も確認してから車に乗り込みました。

　出かける時に「鍵をかけたかな？」と不安になり、車から戻って再び確認しました。

　（大丈夫だな）

　心の中でつぶやいて車を発進させました。

　少し走ったところで、ふと思いました。

　（ガスの元栓は閉めたかな？）

　（閉めたよな、確か）

　（でも、もし閉めていなかったら火事になる！）

132

火がついたままの情景を思い浮かべると怖くなりました。

再び戻って家に入り確かめました。案の定、大丈夫でした。わかっているのですが、不安になると確かめずにはいられません。

以前、**飲酒しながら夕食を作り、思い立って洗濯を始めると、ガスの火がつきっぱなしになっていたことがありました。**とり返しのつかないことになるくらいなら、何度も確認した方が良い、と思うようになりました。自分が信用できないのです。

車には消毒液が積んであり、携帯用の物も持ち歩いています。ドアノブやハンドルなど、どこにウイルスがついているかわからないからです。これも考えすぎかもしれませんが、病気になるより良いと思っています。

車を走らせながらも、頭の中では（鍵は閉めたよね？元栓も？）などと自問自答しています。先程の鍵や元栓を確認しているシーンを思い出し、（確かに確認した）と自分に云い聞かせます。

「あぶない！」

「キーッ」というブレーキ音が響きました。突然、脇道から自転車が出て来たのです。ギリギリでセーフ。

「あぶねえ！ばか！」
　自転車のおじいさんが叫んでいます。

（あぶないのは、そっちでしょ！ばか！クソじじい！）
　ボルテージが急上昇して、そう言ってやろうかと思いましたが、面倒くさいことになるのが嫌なので無視しました。
　バックミラーに映るおじいさんは、まだこちらを睨んでいます。私は大声で叫びました。

「ばか！ばか！死ね！」

この車は、よく擦っているのでキズだらけですが、人身事故だけは起こしたことがないし、絶対に起こしたくありません。**あのおじいさんのおかげで人身事故を起こすところでした。本当に迷惑、やめてほしいです。私の中に強い怒りが渦を巻いて、なかなか抑えることができません。**

遠ざかるおじいさんを見ながら、ふと、免許を取得する前に教習所の教官から言われた言葉を思い出しました。

「気をつけろ！何人殺すかわからんぞ！」

喫茶店に着くと、もう友だちは来ていました。時計をみると12時を少しまわっていました。

「久しぶり」
「ほんと、どうしてた？」
「もう疲れちゃった。さっきも自転車のおじいさん、轢きそうになっちゃった」
「えーっ！大丈夫？」
「大丈夫だけど、迷惑な話よ！思い出しただけで腹立つわ」

本当にまた腹が立ってきたので、メニューを広げました。パフェやサンドイッチ、スパゲッティなどの写真をみていると、そちらに気が向いて怒りを少し忘れるようでした。

「私、コーヒーね」
「何か食べない？」
「食欲あまりないんだ。食べれば？」
「う～ん」

134

私は、コーヒーなどの嗜好品が好きです。友だちはカフェオレとサンドイッチを頼んでいました。

　本当は仕事のストレスについて話そうと思っていたのですが、あのおじいさんのせいで頭の中がぐじゃぐじゃになってしまいました。
　久しぶりに会った友だちなのに、どうでも良いような会話をして別れました。

　あの現場を通るのが嫌なので、来た道と違う道で帰りました。

　家に戻ると手洗い、うがいはもちろん、シャワーを浴びます。着替えるだけでは、髪の毛や顔などに着いたウイルスなどを除去できないからです。
　すっきりしてお風呂場から出ましたが、あのおじいさんのことが頭から離れませんでした。

（もしかして、自転車に当たってたらどうしよう？叫んでたし！）

　妄想が膨らんできます。
（警察に訴えるつもりじゃないでしょうね？）
　雪だるま式に大きくなる不安。
（ひき逃げで逮捕される？指名手配？ニュース？裁判？親や友だちに何て言えばいい？）

　何だか身体がだるく、**服は脱ぎっぱなし、食べた物は食べっぱなし**のままでした。歯磨きもせずに床につきましたが、なかなか眠れません。

（裁判になったら車の方が不利よね？ああ！もう！面倒くさい！）

　起き上がって、もう一度トイレにいくと**電気がつきっぱなし**でした。

旅のストーリー❻　不安転じて強迫となる

135

玄関を見るとドアの鍵が開いたままです。

（危ない、危ない）

　眠れないので音楽を聴くことにしました。昔から洋楽が好きなのでハードロックを鼓膜が破れるほどの大音量でヘッドフォンから流しました。
　ヴァンヘイレンの唸るようなギターが一瞬、何もかも忘れさせてくれました。

（そうだ！ビール！）

　冷蔵庫から缶ビールを取り出して一口飲むと、あっという間に空き缶になりました。おつまみのピーナッツを食べるうちにお腹がすいていることに気づきました。白菜の漬物があったので七味唐辛子をかけて食べました。昔から味の濃い物が好きです。
　2本目を取り出し、同じ曲を何度も聞きながらアルコールの海へ雪崩れ込んでいきました。

（今日は先勝だから、やっぱり午後は嫌なことが多かったわ。明日は仏滅だから出かけるのはよそう）

　そう思いながらカップラーメンを探し、少しだけお湯を沸かして入れました。

　ビールとピーナッツとヴァンヘイレンであっという間に3分が経ちました。それは、私がカップラーメンにお湯を入れたことを忘れるには十分な時間でした。

　何本目のビールかわかなくなるころ、ギターの音が小さくなるように感じました。横たわると、やがて何も聞こえなくなりました。

136

翌朝、ふやけてお湯のなくなったカップヌードルカレーが台所の隅で冷たくなっていました。

気が散りやすく、やりっぱなしになる

> 理由

- 絶えず変化を好み、関係のないことをやりたくなる。
- 刺激に敏感で、情報の取捨選択ができにくい。
- 強い刺激を求める傾向がある。
- 新しい刺激に反応すると、前のことを忘れてしまう（一度に沢山の情報を処理できない）。

　映画が、続編、続々編と続くと、次第に過激になる。これは、前作と同じでは満足できずさらに強い刺激を求めるため。飲酒を続けていると量が増えるのも同じ。

　食生活の環境にもよるが、刺激の強い濃い味付けの物を好む傾向がある。お菓子は概ね味が濃く子どもの頃から馴染んでいることも影響する。

> どうすればよいか

そんな自分を意識しよう

- 「違う刺激を求めてるな」と自覚する。
- 一つのことが終わって完結したことを確認してから次のことをする。
- 次に使う場合や、次に使う人のことを考える。
- 中断する時は、前にしていたことをメモやホワイトボードに書く。
- 他人に確認してもらう。

すぐにうまくいかなくてもくじけずにやっていることが大切。

事故を起こしやすい

理由

- マルチタスクが苦手で、不注意（周囲をよく見ていない）。
- 感覚入力や車幅等をイメージする力が弱い。
- 感覚の交通整理ができず、急発進、急ブレーキになりやすい。
- 頭の中が戦闘モードになっている。
- 何かに追われるように先を急ぎ、ゆっくり待てない。
- カッとなりやすく、感情のコントロールができにくい。

どうすればよいか

自分は事故を起こしやすい人間だ、と自覚する

- スピードを出さない。
- 事故を起こすと、とんでもないことになる、という意識を持つ。
- ここが危険、という場面や場所をイメージする。
  （青でも車が多くて右折できない時→安全に右折できるまで「いつまででも待つ」と覚悟する）
  （脇道が多い時→「飛び出しがあるかも」と思う）
  （バックで駐車→「物があるかも」と思う）
  （安全運転していても→「向こうからぶつかってくるかも」と思う）等々。
- 自分で運転しない（交通機関を使う）。

　免許更新時などに受ける交通安全教室の内容を思い出してみる。特に人身事故は、身の破滅に繋がることを肝に銘じる。

「強迫神経症」の世界に入りかけているかも？

旅のストーリー⑥

不安転じて強迫となる

こんな症状はないですか

・強い不安や過度のこだわりがある。

「（強迫行為）せずにはいられない」と「（強迫観念）考えずにはいられない」

■ 不合理、やり過ぎだと思ってもやめられない

・不浄恐怖や洗浄

（洗濯や入浴を頻繁に行う、手すりやドアノブ等を触れない、手袋をして外出）

・加害恐怖

（誰かに危害を加えたかも知れない不安）

・確認行為

（電気器具やガス、戸締り等）

・儀式行為

（自分の決めた手順で行わないと恐ろしいことが起こる）

・数字

（縁起が良いとされる数字や悪いとされる数字にこだわる）

・物の配置などへのこだわり等

■ 関連する症状もある

・チック（咳払い、まばたき、首の運動等の繰り返し）

・捨てることができずため込む。

（捨てたら後悔するのではないかという不安、物への執着）

139

・脱毛症、皮膚むしり。
・自分は醜いと思い込む（皮膚科や美容整形の受診を繰り返す。化粧品を過剰に購入し、鏡を何度もみる）。

　神経伝達物質や脳の機能障がい、ストレス、虐待によるトラウマ、几帳面で完璧主義な人など、遺伝要因と環境要因が考えられるといわれるが、明確な原因は不明。
　日常生活に支障がある、家族や周囲の人が困る場合は、専門の医療機関に相談が必要。

> どうすればよいか

■ 治療により症状の軽減が可能

・ケースバイケースなので、専門家と相談しながらすすめる。
・薬物治療や認知行動療法、森田療法などがある。
・地道な対処を継続することが大切。
・効果には個人差がある。
・苦痛を和らげて生活の質を向上させることが目的。

　認知行動療法の一つ、暴露反応妨害法は、不安を打ち消そうとするために起こる強迫行為をそのまま放置する練習により、「放置しても恐れていたような事態は起こらない」ことを少しずつ体感する方法。症状が重い場合は無理をせず、薬での安定をはかりながら、負担の軽いものから少しずつ取り組むのが良いとされる。
　森田療法は、恐怖や不安は「よりよく生きたい」気持ちの裏返しなので、あるがままを受け止め、感情と切り離して本来の自分の望みのままに建設的な行動ができるように誘導する。不安から手を洗いたい、と思っても、現実に沿った家事や仕事に向かう訓練を少しずつ重ねる。

自分の中の持って
生まれたほころびって
いうか、人間としての
ダメなものを修繕しな
がら生きてるっていう
感じはするんですよね。

わたしは強くも弱くも
偉くも駄目でも
ないんだもの。

持っているものだけで、
なんでもやっていくだけ。

樹木希林「樹木希林120の遺書」

旅のガイド⑥
強迫も脅迫も抗い難い物だけど全然違う物

　強迫症状を軽減するには、ちょっとずつ段階をおって、それをしないことに慣れていく、ということが有効といわれている訳ですが、この"ちょっとずつ慣れる"とは、ちょっとずつ気の逸らし方や無視の仕方を覚えるとか、我慢の仕方や心の抑え方を覚えるとかいうことではありません。

　そこに湧き起こる不安や心地よくない気持ちの波を、少しずつ観察して、その流れを感じ、ああ、大丈夫なんだ、と安心する体験を積むことなのです。それも心で安心するだけでなく、体の感覚と頭の認識も含めて、心身脳の三者で安心することが大切です。

　そういった観察のために助けとなるのが、まずは心身脳にとっての"安全地帯"を作ることです。激流や津波のど真ん中にいたら、観察以前に飲み込まれてしまいますから、まずは安全な高台や避難所が必要です。不安や不快を観察する前に、安全や安心を感じられる状態="安全地帯"を作っておいた方が文字通り安全だということです。でも、「そんなもん、とうにあるから大丈夫！」「愛する人を思ったり、大切な思い出だったり」「趣味ややりがいのある仕事に打ち込んだり」「映画やドラマや漫画、好きなキャラクターに癒されたり」「私だけの時間や自分への御褒美」「癒しアイテム」「家族や友人や人々とのつながりの中で」「…そんな時、体は心地良くなるし、気持ちも明るくなるし、考えもポジティブになれる！」「そんな体験が、多かれ少なかれあるから」という方々も、決して少なくはないと思います。そんな方々は、以下は読み飛ばして下さい。安全地帯がない人や、弱い人向けのお話です。

この安全地帯ですが、ちょっとやそっとのことでは押し流されないような、しっかりしたアンカーが必要です。心配や不安に囚われると、意識は脳の中でぐるぐるした悪循環にトラップされ、解決しようと一生懸命考えれば考える程、ますます脳のぐるぐるに囚われます。その四次元のような思考空間の中で、脳内の意識は過去や現在、未来の時系列を失い、体から離れて過去や未来へタイムスリップし、今現在に生きている感覚を奪い、文字通り"地に足がつかない"状態に陥って、ますます不安になります。

故に、この"安全地帯"は、過去や未来に押し流されて混乱しないように、"今現在"にアンカーされているべきであり、かつ"生きている感じ（＝意識が体に戻っている感じ）"が感じられるものだと有難いのです。時々刻々と流れゆく現在進行形の"今"を"感じられる"状態を作るアンカーって、何でしょう？？それも上記のような趣味や大切な存在といった、安全地帯の資源に乏しい人でもお手軽に活用できる、身近な物って…。

そうなんです。体の中で時を刻んでいるものを活用すればいいのです。そうなると呼吸と心拍が候補に挙がりますが、ここでは捉えやすい方の呼吸を使ってみます。最初に呼吸が使えることを発見したのは、何千年も前に生きていた、インドの修行者達です。想像ですが、そういった偉大な先人達も、趣味や大切な存在や癒しが無かった、資源に乏しい切ない人達だったからこそ呼吸に行き着いたのかなあと思います（笑）。由来はともかく、それは瞑想となって、その後の偉大な哲学にも引き継がれて行きました。

というわけで、普段無意識に時を刻んでいる"呼吸"という身体活動に、意識を払ってみてください。最初は、一日の中でそんなに長い時間でなくて大丈夫です。呼吸なら、手間も時間もお金もそんなにかかりませんし、失敗しても、取りこぼしても、まだまだ現れますから、安心して続けて下さい。…それは鼻や喉や首を涼しくさらさらと空気が入って行く感じだったり、暖かく湿った空気が出ていく感じだったり、胸がゆっくり内から押し広げられる感じだったり、肩も上がっていく感じ

だったり、体やお尻がゆっくり浮き上がるような感じだったり、お腹が下に広がる感じだったり…。空気が抜け始めると、今度は胸や背中も緩んで、重力に従って腕や肩もゆっくり下がって、お尻や腰もゆったりずっしりとソファーに沈み込んでいったり…。普段意識していない、全身のいろいろな場所で呼吸を感じ、観察してみてください。そのうち指先やつま先、髪の先でも呼吸の動きに気づけますよ。空気の音にも気づくかもしれません。慣れてきたら、"鼻"とか"胸"とか"涼しい"とか"緩む"とか、そういった言葉でまとめてしまわないで、そこに感じるその感じをそのまま観察してみてください。言葉でまとめないで感じでみると、そこには驚く程の発見があります。人間の一般的な傾向なのですが、心地よいことや安心なことはどんどん"普通"に格下げされて、意識の外に置かれて行きます（反対に不快なことは無視できない位、意識に上がります）。生まれて初めてその感覚に触れたふりをして、まだその感覚を表す言葉を知らないふりをして観察すると、その、普通扱いされていたいろいろな感覚が、あなたのポジティブな興味の中に蘇ってきます。そうなのです、呼吸は、吐いても吸っても、気持ちがいいものなんです！…。時が刻めて、今現在生きている感覚が体験出来て、手間も時間もお金もかからなくて、かつ気持ちがいいといったら…。呼吸ってなんて素晴らしい資源なんでしょう！！

　呼吸だけでなく、他にもいろいろな感覚に気づいてみるもの楽しいかもしれません。イチゴやブドウって言葉を知らないつもりで舐めてみたその飴を、あなたの舌や口の中や喉や鼻や体の各部分はどう感じていますか？"甘い"でまとめないで味わうと、それはどんな感じ？…そのうちいろいろな味に興味が出てきて、いつもかけている醤油がなかったら刺身はどんな感じ？とか、麺つゆにつけない蕎麦って？とか、微細なところも試したくなるかもしれません。味の他にも、歩くということも感じてみると面白いかもしれません。両足や全身の筋肉の動きや重心の移動、そこから生み出されるバランス変化をひとつ一つ、ゆっくり追っていくと、二足歩行というものが、曲芸並みに絶妙で奇跡的なアクション

だと思うかもしれません。そして歩きながら少し振り返ってみると、普段流している通勤風景の中にも、気づかなかった人々の動きがあったり、お店があったり、木や草花があったり、風や温度や色や光、音や香りがあったり。あなたが歩いていると、それらはどんどん流れていきます。いろ～んな“今を生きていること”を意識し感じてみてほしいのです。面白いですよ。

“今を生きていること”を意識し感じる、ということは、普段中枢神経たる脳に意識が集中している状態から、末梢神経たる体に意識を持っていく、と表現できるかもしれません。同じ神経ですから、末梢神経で考えるってことなのかもしれませんね。スポーツや趣味に“無心になっている”というのも、そういうことなんだと思います。末梢神経に意識を持っていくと、中枢神経への過集中＝ぐるぐる悪循環が一端途切れます。そうすると、「解決策を思いついた！（＝中枢神経的解決）」とは全く違う、「まあいいか！」という末梢神経思考的な解決が生まれます。まったく理論的（＝中枢神経思考的）ではないけれど、なぜか納得がいく、あの感じの解決です。

そんなことを試していると、遅かれ早かれ「せっかちな自分には合わない」「仙人気取りかよ。バカみたい。」「つまんねえ。むしろイライラする」「明日も仕事だ」「他にやることが」「今晩何食べようかな」とか、いろいろな考えや感情が湧いてきます。それはポジティブとは言い難いものだったり、今を生きていることへの気づきを邪魔するものだったりもする訳です。しかし、そういう考えが浮かぶことや、そういう気持ちになるということにも、気づくことを試してみてほしいのです。「自分には合わない！と思っている自分がいる」と。反対に、「雑念はいかん！呼吸に意識を戻せ！」と思って焦ったり、「出来なかった…。」と悲しく考えたりする時なども、そう思い感じている自分がいる、っと気づくことを試してみて下さい。不快な考えや感情は一瞬にしてあなたを飲み込んでしまいますが、飲み込まれた自分に気づくことも試してみて下さ

い。その都度、刻々と流れる"今"に意識を戻せると、つまり呼吸というアンカーや、その他にもいろいろ興味が広がった"今を生きること"の感覚に意識を戻すと、飲み込まれ流されている自分を取り戻せます。

　すると、自分がアンカーされているのに対して、そういった不快だったり邪魔だったりする感情や思考は、流れていくことに気づけます。残念ながら、それはそのまま消えてしまうのではなく、必ずまた現れます。波のように大きくなったり小さくなったりうねりながら流れていきます。さらに残念なことは、快かったり大切だったりする感情や思考もまた、流れていきます。でもそれもそのまま消えてしまうのではなく、必ずまた現れます。陰と陽は、そんな風にバランスを取りながら世界を形成します。四季に例えられるかもしれません。本来は不快な、あらゆる生命が停止し死に絶える恐怖の冬を、人は耐えることが出来ます。それは冬が永遠に続くわけではないことを知っているからです。たとえ、何度も冬が繰り返されようとも。そして暖かさと生命の喜びの春が過ぎ去っても、人々は悲嘆に陥りません。また春が来ることを知っているからです。たとえ、何度春が去ろうとも。でも人間のさらに凄いところは、恐怖の冬を耐えるどころか、逆に楽しめてしまっている（人も多い）というところですね。

　そして、冬を単に"死のシーズン"でまとめず、いろいろ感じて味わっているがごとく、不快な感情や感覚も、ちょっと避けずに意識し観察してみると、いろいろ発見があるかもしれません。"不安"って、どんな感じ？胸の内側からこそばゆいような、もわわっという感じがお腹に向かって広がって、首の後ろをきーんと冷たい感じが上ってきて、頭がぼわっとしたところで内臓がねじれて引っ張られて…そのうちに、このこそばゆさは恋煩いの感じと被るかも、とか、今日のはちょっとパターンが違うぞ、とか、興味が湧いてくるかもしれません。さらには、他の不快感の"怖い"とか"辛い"とかにも興味が広がるかも…でも、くれぐれも、観察は自分の生命や健康を害さないレベルで！

そしてしつこく浮かんでくる不快な思考や行動についても観察してみると、それらに囚われている自分に興味が湧いて来るかもしれません。そうすると、なぜ自分が不快な思いをしてまで強迫的に頑張らないといけなかったかの背景にある、いろいろな信念や、それを形作った体験が思い出されるかもしれません。恥ずかしかったり、辛かったりした体験？…ちょっとずつ、観察を続けてみてください。そうすると、苦しみながらも、必死に頑張ってきた自分に気づくかもしれません。そして、そんな体たらくでやってきた自分というものに、慈しみや、誇りを持ってもいいのかな、などと思い始めている自分に気づいて、驚いている自分に気づくかもしれません。

この先も続いていく観察の旅の中で、あなたは、どんなことに気づいていることでしょうね。

旅のガイド⑥

強迫も脅迫も抗い難い物だけど全然違う物

逆らうのではなく、
従うのでもなく、
波のするように
すればいい。

ジェリー・ロペス
「Surf Is Where You Find It」

気分次第のトコースター

旅のストーリー❼

私の人生、100か0〜 「ほどほど」なんて知らない

気分次第のジェットコースター

午後から彼と会う約束をしていましたが、LINE が来ました。
「ごめん、急用ができて、今日はキャンセルにしてもいいかな？」

（急用って何だろう？聞いたら嫌われるかな？）
　そう思いましたが、聞きたい気持ちを抑えることができませんでした。

「何の用事なの？」
　既読になっているのに返事が来ません。

（私、ふられたのかな？誰か他に好きな人できたのかな？きっとそうだ！）

「どうしたの？大丈夫？連絡待ってます」
　まだ返事は来ません。

（嫌われたんだ！）
　何だかわからない大きな不安の波が襲ってきました。

「何があったか知らせて。無視しないで！」
　頭の中が整理できず、衝動的にカミソリを持っていました。

気が付くと病院でした。
（私、リストカットしちゃったんだ。高校の時以来だな）
少し言い過ぎたと後悔し慌てて LINE しました。

「さっきはゴメン。今、病院です」

「えっ！大丈夫？どこの病院？すぐに行きます」

（やっと連絡してきてくれた）

すぐって言ったのに、夕方になって彼が来ました。

「ごめん、遅くなって」
「もう、良いよ」
「大丈夫？」
「何だったの？急用って？」
「母親が脳溢血で倒れたんだよ。救急車で運ばれて入院してる」
「そうなんだ」

彼が帰ってから再び落ち込んでしまいました。
（自分のことばっかり考えて、死んでしまいたい）

あれからぐるぐると同じことばかり考えています。

（生きるのが辛い）
食欲もなく、食べなければいけないから食べるんだ、と言い聞かせていました。

（死ねたらどんなに楽だろう）
何を見ても何も感じないくせに、どうやれば死ねるか、ということを

いつも考えるようになっていました。包丁を持つとき、高い所から下を
みる時、かぜ薬を飲む時……

（ここで飛び込めば死ねる）
　駅のホームは魔界です。あの世とこの世の境目、三途の川でした。

「その後、大丈夫？心配しているよ」
　彼からの LINE が私の自殺を食い止めました。

　何も手につかず、やる気がおきない日々が続きました。気分も落ち込
んだままで、夜もなかなか眠れません。何も楽しめず疲れる毎日でした。

　私は、関わり方が100か0です。自分の中の熱が外に向かうと仕事や
人に過剰に関わり、内に向かうと自分を責めて死にたくなります。結果
的に上手くいくこともありますが、失敗することも多々あります。**爆発
的にがんばり燃え尽きる、の繰り返しです。**
　ほどほどに関わることが下手なので、常に誰かを演じていないといけ
ないような気がします。素の自分を出したら上手くやっていけないと確
信しているからです。

　彼から映画に誘われ、「生きてるだけで、愛。」という映画を渋谷でみ
ました。主人公の女の子が、まるで自分のように思われて衝撃を受けま
した。

「どうしよう、だめだよ私。頭おかしいよ。私いっつもツナキに頭おか
しいくらいに怒るじゃん？でもなんで怒ってんだか自分でもわかんない
し、自分に振り回されてぐったりするし、でも頑張ろうと思ったら行き
過ぎて躁になるし、そんでこのあとどうせまた鬱がくるんだとか考えた
らもうどうしていいか分かんない」
「ねえ、なんで私ってこんな生きてるだけで疲れるのかな」

152

「あんたが別れたかったら別れてもいいけど、私はさ私とは別れられないんだよね、一生。いいなあツナキ、私と別れられて」（木谷有希子「生きてるだけで、愛。」）

この映画は私の物語だ、と思いました。誘ってくれた彼に感謝です。

それから何だか気分が上向きになっていきました。底まで落ちて絶望を垣間見ると、上を向けるような気がします。

一人で缶ビールを飲んでいると、寂しくなって彼に LINE しました。**酔うと誰かに連絡したくなります**。メッセージをよく確認せずに送信するので、漢字やひらがなの間違いや文章が乱れていることがよくあります。後で気づくのですが、どうしようもありません。

「ねえ、今度、買い物つき合ってくれない？」
「いいよ」

春物の服と靴が欲しかったので吉祥寺の喫茶店で待ち合わせをしました。

「元気そうだね」
「うん、元気になったよ。この間はごめんね」
「大丈夫」
「昨日のお笑い番組見た？」
「見たよ」
「ナポリタンっていうコント、面白かったよね！公安警察が犯人追ってるやつ」
「見た、見た！」
「あれ笑ったわ！だれだったっけな？」
「よく知らない芸人だったな。」

153

「なんだったけなあ？えーと…」

　彼が驚くほど私は元気で、喫茶店を出てからもしゃべりっぱなしでした。

「あっ！ここよ！」
　洋服屋に着くと私は服を物色し始めました。

「これ、良いなあ！」
　春らしい色のワンピースが一目で気に入りました。試着させてもらうとピッタリです。

「良いじゃん」
　彼もそう言ってくれました。

「これはゲット」
「まだ買うの？」
「うん、今日は買うの」

　それからも何着か試着し、結局、5着も買ってしまいました。

「次は靴ね」
「まだ買うの？大丈夫？」
「大丈夫だよ！クレジットカードだからね」

　私は何だか気が大きくなり、怖いもの知らずでした。靴屋でも3足買い、彼が呆れていました。

「そうだ！今度、遊園地に行かない？ジェットコースターに乗りたいな。あっ！バンジージャンプもやってみたい。あれ、やったことないん

だ。ある？」
「いや、ないけど…」
「どこの遊園地に行けばできるかなあ？」

　私たちはその後、カラオケに行きました。ただ歌ってストレス発散する、というのは許されません。喜んでもらう、受ける、そういうことを考えてしまうのです。

　朝方まで刺激の強い映画をみながら、また「躁の世界」に入っているな、と感じていました。彼も恐らく感じていたと思います。でも止めることはできず、暴走列車に乗っている自分がいました。

　次の日、タンスを開けると昨日買ったのと同じような服がありました。よくあることです。持っている本をもう一冊買ってしまうことは何度もありました。

　月末に<u>カードの支払い金額をみて驚きました。こんな使い方をしていたら破産</u>です。

爆発的にがんばり燃え尽きる

> 理由

- 集中するとすごい力を発揮する。
- 何とかなってきた体験から変な自信を持っている。
- 断ることができず、多くの仕事を抱えてしまう。
- このくらいの量なら時間的にこなせる、という見通しが立たない。
- 疲れを意識できにくく、とことんやってしまう。

集中は対象物への興奮とその他の物の排除で成り立ち、その差が大きいほど集中力は高まる。呼んでも応えないなどは、対象物以外の情報を自然に排除している状態。

身体が戦闘モードになっており、疲れを意識できにくい状態。また、ほどほど、が苦手なため疲れてしまいがち。

> どうすればよいか

現実的な見通しを立てる

- 好きなことへの集中力を生かして結果を出し、自己肯定感を高める。
- 事前に「このようにする」というリハーサルを行ってみる。
- 仕事の見通しを立てる習慣をつける。
- 時間をきめて休憩する（背伸びや散歩、体操、コーヒーを飲む、音楽を聴く等）。

上手に利用すると大きな武器になる特性。仕事に結び付けることがポイント。

⇨（旅のガイド⑤「特性と向き合う」P115参照）

誰かに連絡を取り続ける

> 理由

- 繋がっていたい気持ちを抑えられない。
- すぐに報酬（この場合は返信）を得たくて、突っ走ってしまう。
- 双極性障がいの躁状態で過活動になっている可能性あり。

| 旅のストーリー⑦ 気分次第のジェットコースター

どうすればよいか

ルールを決めて、孤独の愉しみ方を増やす

- 一人でできる楽しみのレパートリーを増やす。
- 「連絡しよう」と思ってから5分待ってみる。
- 朝9時前と夜8時以降は連絡しない、と決める。
- 同じ人への連絡は最低3日あける、と決める。
- 相手に迷惑ではないか聞いてみる。
- 人ごみや自然の中で孤独を感じる練習をする。
- 連絡する代わりに自分の好きなことをする（気が散りやすい特性を生かす）。

　誰かと繋がっていたい、と思うのは自然の感情で悪いことではない。問題は度を越していないか、ということ。あいまいなルールはわかりにくく守りにくいので、自分の中での明確な「ほどほど」ルールをつくる。

無駄遣いが多い

理由

- 欲しい、と思ってから買うまでのブレーキがききにくい（思いつきの行動をしてしまう）。
- クレジットカードを持ち歩いている。
- お金の管理が苦手。
- 後先のことを考え計画的に行動するのが苦手。
- 双極性障がいの躁状態で過活動になっている可能性あり。

> どうすればよいか

節約にはまってみよう

・買い物以外のストレス解消法を見つける。

・クレジットカードを持たず、最低限の現金にする。

・使えるお金を分けておく。

・カゴに入れる前に考える。

・ネットでの買い物は振り込み払いにして、期限までに考え直す期間を設ける。

・欲しい、と思ってから買うまでに1日あける（衝動的な脳から冷静な脳へのチェンジ）。

・周囲の人に相談する、止めてもらう。

　自分はブレーキがききにくい、と思うこと。ブレーキの数を増やしたり、ききを強めたりする工夫をする。はまりやすいたちなので、節約に興味をもち、家計簿をつける楽しさを知るのも一方法。

　刺激を求めて大金を儲けるギャンブルやリスクの高い投資などにはまってしまわないよう気を付ける。

⇨（旅のガイド②「片づける」P38参照）

「双極症」の世界に入りかけているかも？

旅のストーリー⑦
気分次第のジェットコースター

こんな症状はないですか

・活動的になる躁状態と気分が落ち込むうつ状態を繰り返す。躁とうつが同時にくることもある。

■ うつ病とは異なる疾患で治療法も異なる

・誤診されることがあるので（うつ病と診断されていても）症状を正確に医師に伝える（過去に躁状態や軽躁状態があったかも知れない等）。

（躁状態）
・自信満々、おしゃべり、行動的、眠くない、注意力散漫　現実離れした行動　等
（鬱状態）
・気分が落ち込む、やる気がない、疲れやすい、何も手につかない、死にたくなる　等

どうすればよいか

■ 薬物治療と心理療法がある

・病気の性質や薬の作用、副作用などを知る。
・再発の初期徴候を自分や家族が共有する。
・社会的刺激によるストレスを避ける工夫。
・規則正しい生活や適度な運動。

159

■ 生きる基準を低く設定する

・存在しているのはすごいことである、と考える。

・寝る、食べる、が少しでもできていれば OK。

・無理なことは無理、しょうがない。

・心の中にイケメンや好きなタイプの女性などをつくり励みにする。

・人は人のことをそれほど見ていない。

ぼくは人生に必要な
能力を、なにひとつ
備えておらず、
ただ人間的な弱みしか
持っていない。

カフカ「八折り版ノート」

無能、
あらゆる点で、
しかも完璧に。

カフカ「日記」

旅のガイド⑦
考え方や行動を修正して楽になる
認知行動療法

　同じ映画やテレビ番組を観ても受け取り方は人それぞれです。面白いと感じる人がいればそれほどでもない、と感じる人もいます。このお笑い芸人は面白い、という推しが異なるのは感じ方が人それぞれ違うからでしょう。

　ものごとの受け取り方や考え方のクセに気づいて、パターンを変えることで適切な行動をとれるように手伝うのが認知行動療法です。その一部についてお話しましょう。

　認知行動療法はうつ病への精神療法として開発されましたが、それ以外にもさまざまな疾患に効果があるといわれ、医療のみならず、法律、教育、スポーツ等、多くの領域で取り入れられています。

4つの側面
- 認知（頭の中に浮かぶ考え）
- 感情（感じる気持ち）
- 身体（身体の反応）
- 行動（振る舞い）

ストレス反応の悪循環を回避する
　この4つの側面は互いに影響を及ぼし合っています。例えば、学校ですれちがった友だちに目をそらされて、嫌われているのかも？と思い（認知）、悲しい気持ちになり、次第に怒りが沸いてきました（感情）。胃が痛くなってお腹の調子を崩し（身体）、次の日、学校を休んでしまいました（行動）。

とても悲しい時（感情）、自分で「悲しいのをやめる」のは難しいのと同様に、胃やお腹が痛い時（身体）、自分で腹痛を止めるのも難しいことです。

友だちに目をそらされたことをどう考えるのか（認知のクセ）、「嫌われている」以外の考え方によっては学校を休まない（行動の修正）かも知れません。

周囲の人が自分をどのようにみているのか（認知）不安で（感情）、食欲がなくなり（身体）人を避けるようになる（行動）、というのも同じです。周囲の人が自分を見ている、というのは事実ではない可能性があります。そこに気づけば（認知のクセ）人を避けなくても良くなる（行動の修正）かも知れません。

友達にLINEを送ったら既読になったのに返信が来ないので無視されたと思い（認知）腹が立って（感情）、その友達とは会っても話さなくなりました（行動）。これも同じです。

認知→感情→行動の悪循環に陥るのは自分の心の中で勝手にストーリーを作り上げるからです。想像は現実よりも過酷で、勝手に見えない敵に怯えているのです。

4つの側面のうち、感情と身体は自分でのコントロールが難しいのに対して、認知と行動は意識的に変えることが可能です。この2つにアプローチするので認知行動療法と呼ばれます。

旅のガイド⑦　考え方や行動を修正して楽になる　認知行動療法

認知
同じものを見ても人によって感じ方は違う

スキーマ

「そう考えた」心の奥には「スキーマ」という考え方のクセがあります。生まれながらの素質や環境要因の影響を受けながらずっと持ち続けている人生観や人間観で、瞬間的に浮かぶ考えや行動をコントロールしています。例えば、「人から嫌われてもどうってことはない」と考えている人は、愛や別れに対して鈍感になりますし、「人から愛されなければ生きている価値がない」と考えている人は敏感になります。「世の中は危険だ」と考えている人は警戒心が強くなりますし、「人間は優しい存在だ」と考える人は何事も肯定的に解釈しがちになるでしょう。

スキーマには自分や他人、社会に対して前向きなものや後ろ向きなものがあり、後ろ向きのスキーマは、しばしば自分を苦しめます。

(例)

「人に助けを求めるのは弱い人間だ」→助けを求めにくい。

「成功や他人から認められることが大切」→失敗を許せない、認められることに固執。

「～でなければならない」→自分を責める、不安で精神的に辛くなりがち。

「自分の考えは他人よりも大切」→人とうまく協調できにくい。等

【ADHD 傾向がある人の考え方のクセ (例)】

・100か0で考えがち (極端な一般化)

　「改善が必要」と言われた。→「すべてダメだ」と考える。

　ちょっとした失敗→「死んだ方が良い」と思う。

- 否定的にものごとを捉える
  自分の意見と合わない人→相手の方が絶対に間違っている、と考える。
  最悪な結果を想定してネガティブな結論を出す。

- 「〜べき」と決めつける
  会社での連絡事項で紙は使わないようにするべきだ、等、自分のルールを根拠にしてものごとを感情的に決めつける。

- 公平さへのこだわり
  特定の人だけ優遇されているに違いない、許せない。

- 人と自分を比較する
  自分だけこんな思いをするなんて不公平だ。

- 妙な自信
  ギリギリになっても何とかなる。

認知再構成法
〜心のメガネを変えると見える景色も変わる〜

　悩んでいる時はネガティブな考えに縛られている。
　思い込みから離れて違う考え方をしてみる。

そのためのツールが「書く」

【何があったかな？】（状況）

【どのように考えたの？】（自動思考※）

※自動思考：無意識に瞬間的に浮かぶ考えやイメージ。

■思い浮かばない時の視点
(その時の自分をどう考えた？その時、他人がどう思っていると考えた？そのことで、どんな結果になると考えた？等)

【他のバランス良い考え方をさがそう！】（適応的思考）

■思い浮かばない時の視点
(最初にそう考えた根拠や出来事は何？最初の考えと逆の考え方は何だろう？現在・過去・未来に目を向けてみよう！一番気分が悪い最悪のシナリオと一番気分の良い最善のシナリオを考えて、中間の現実的な考え方を導き出す、等)

【気分は変わったかな？】（気分の変化）

【今後の課題】（進化するための工夫）

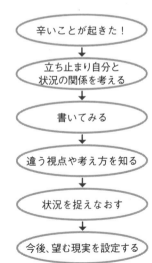

旅のガイド⑦ 考え方や行動を修正して楽になる　認知行動療法

認知の仕方を変えると人間関係も良くなります。自分の中の考え方が自分を苦しめているとしたら、その考え方のクセに注目しましょう。心が軽くなる考え方のクセをつければ、自分に疲れることも減ります。

　血圧や血糖値は毎日測るだけで下がるといわれます（睡眠学者　柳沢正史　NHKアカデミア「睡眠は誤解だらけ」2023.6.21放送）。自分のことを知るだけで自分の中の何かが改善するものです。メタ認知※が大切な所以です。

※メタ認知：自分の状況や考え方等を一歩ひいた目で捉えること。

　悩みとは、「今、直面している問題にどう対処するのか」という心のメッセージです。ポジティブ思考でなければいけない、と思い込む必要はありません。「そう考えている自分」や「考え方のクセ」に気づき、そこから対処の仕方を考えましょう。

行動
行動により気持ちが変わることはよくある

行動を活性化する～身体から心にアプローチする

　例えば、うつの例

> **行動がどのように機能しているのか評価する**

→職場で同僚に会った時に不安になり避けてしまう感情や回避行動を評価する。

認知行動療法では考え方の修正を行う

[活動を選択する]

→同僚とコミュニケーションを取る。

[選んだ活動に挑戦する]

→同僚を食事に誘ってみる。

[活動を生活に取り入れる]

→同僚と食事をとることを習慣化する。

[経過を監察する]

→最初はおそるおそるだったが、一緒に食事をすることが楽しくなってきた。

[あきらめない]

→少し嫌な思いをしても食事をすることを続ける。

　行動と気分は連動しています。少しでも動けそうな時に動くことで心と身体を望ましいサイクルに戻すことを目指します。

（望ましくない行動を減らす）

代替行動を選定して望ましい行動パターンに移行する

例えば
①身体がだるく、気分が落ち込んでいる。
②横になって1日を過ごす。
③いつになったら良くなるのかと不安になる。

　この場合、行動活性化の視点からは②が望ましくない行動なので、これを減らしつつ望ましい行動を増やしていきます。

（望ましい行動を増やす）

①身体がだるく、気分が落ち込んでいる。
②思い切って外を散歩してみる。
③外気に触れながら身体を動かすことで気分が少し晴れた。

　②がポイントでした。無理のない範囲で行動することで悪循環から脱却できました！

行動活性化の流れ〜行動を計画する

日々の行動を振り返り「辛い」と「心地良い」に分類する

（辛い）起床、歯磨き、着替え、出勤、会議、昼休み、会話……
（心地良い）入浴、メール、ゲーム、ネット、音楽を聴く、お酒、買い物……

　自分の行動と気分の関係を理解します。同じ（辛い）（心地良い）でもランクがあると思います。1〜10などでランクづけしても良いでしょ

う。気持ちが変化した行動だけを記録しても良いです。

心地良い行動を増やす計画を立てる

→振り返り分類した記録を基に行動を計画します。1日は24時間、これ
は変わりません。その中で（心地よい）時間をいかに多く確保するかが
ポイントです。（辛い）と感じるものの中にもランクが1や2で、考え方
や行動の仕方によっては（どちらでもない）、あるいは（心地良い）に
変化できるものがあるかも知れません。

　お酒やネット、ゲーム、ギャンブルなどは依存と関連し自分を追い込
む危険があるので注意が必要です。適度に活用できるかどうか判断して
ください。

　心地良い行動が思い浮かばない場合は、今までにやったことのない活
動からも選んでみたり、辛い気分とは反対の行動（例えば、笑う、鼻歌、
スキップ、明るい服、等）を思い浮かべて実践してみたりするのも良い
でしょう。「何もしない」というのもありです。

自分だけでできる活動を実践する

→自分一人でできる活動を一つだけ選びます。例えば、上記の「同僚を
食事に誘ってみる」は自分だけでできますが、「同僚と食事をする」に
なると断られる可能性があります。他人の都合で断られても自分の責任
のように感じてしまうことがあるので書き方に注意しましょう。

　また、大ざっぱな活動ではなく細かい内容にします。例えば、「家を
片づける」より「洋服ダンスを片づける」「片づける場所を決める」の
方が細かいですし、さらに「捨てる物といる物にわける」「分類する袋
を用意する」等の方が活動しやすいでしょう。

※**行動してもすっきりしない場合**
・考え事にとらわれず、活動に集中しよう。
・行動は実験ととらえ、成功、不成功にとらわれない。
・実験結果が集まれば、次の対策が考えられる。

問題を解決する〜失敗する行動パターンを修正する

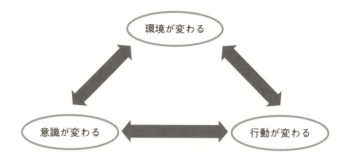

約束の時間に遅れる（行動）ことがしばしばある場合、出発の時刻を20分前倒ししてアラームをセットする（環境）、絶対に遅刻しないと決心する（意識）等により遅刻しなくなるかも知れません。環境は周囲の人も含まれるので、協力が必要な場合もあります。

 生活リズムが乱れがち

<環境>
- 日中はなるべく身体を動かして夜は寝る。太陽に当たり体内時計を正常に働かす。
- テレビやネット、ゲーム等は時間を決める。周囲に指摘してもらう。
- 食事は、ながら食べやダラダラ食べをしない。

<意識>
- 生活リズムを整えよう、と決心する。

衝動買いをしてしまう

＜環境＞

・一人で買い物に行かない。クレジットカードは持たず、必要最低限の金額だけ持ち歩く。

・欲しい、と思っても一旦その場を離れる、家に帰って考える等、頭を冷やす時間をつくる。

・ごほうびの日を決めてちょっと贅沢し、その日を励みに節約する。

・家計簿をつけてみる。

＜意識＞

・節約やご褒美を楽しみにする。何か欲しいものを1つ決めて、それを買うためにがまんする。

いろいろなことをすぐに忘れる

＜環境＞

・メモや写真、動画等で視覚的に残す。優先順位や期限の早い順番にメモを貼る。（必ず見る場所）

・「念のため」の工夫を行う。（ダブルチェックしてもらう等）

＜意識＞

・自分は覚えていられない人だ、と認識する。

家事が滞る

＜環境＞

・料理：一週間の献立を決めて買い物をする、洗い物は、状況に応じて曜日を決め交代で行う、等。

・洗濯：ハンガー干しの物は、そのまま収納する、子どもにたたむのを手伝ってもらう、等。

- 掃除：共有スペースは交代で行う、一週間、綺麗にキープできたら自分にご褒美、プロに依頼する、等。

<意識>
- このくらいなら綺麗、という自分の基準をイメージして書き出してみる。
- 家事は細かい判断が必要な上、優先順位や見通しが立ちにくい難しい仕事であることを周囲が意識する。
- 女はこうあるべき、男はこうあるべき、と決めつけない。
- お互いの良いところ、がんばっているところを認め、マイナス面を指摘しない。
- できる範囲でがんばる、無理しない。
- 趣味をつくり、たまにご褒美をあげ、話せる相手をつくり、ストレスをため込まない。

【多くの解決案を出すことが問題解決のカギ】

　量をこなすことにより質に変化がおきます（質量転化の法則）。自転車や逆上がり等、最初はできそうにないと思っていても繰り返す（量）うちにできるようになります（質）。

　同じことが仕事や日常生活でもいえます。試行錯誤の量により問題解決の質が上がります。解決案も、できる、できない（解決可能性）は問題にせず、できるだけ多く出してみましょう。

【解決策実行のポイント】

　多くの中から一つに絞ります。その際、それぞれの解決策の長所と短所、解決可能性を考え、実行しやすさも含め10点満点で評価します。大

きな行動はスモールステップに分けることで実践しやすくなります。

実行して「問題のどの部分が、どのように解決されたか」を評価します。部分的に解決された場合は、残りの部分を解決するために、最初の解決案から適したものを選び、あるいは新しい案を加えて計画を立て実践します。まったく改善できていない場合は解決策や行動計画の見直しをします。

【問題解決技法のメリット】

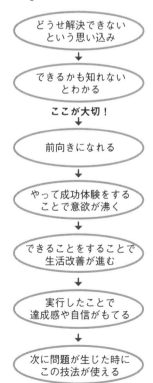

どうせ解決できないという思い込み
↓
できるかも知れないとわかる
ここが大切！
↓
前向きになれる
↓
やって成功体験をすることで意欲が沸く
↓
できることをすることで生活改善が進む
↓
実行したことで達成感や自信がもてる
↓
次に問題が生じた時にこの技法が使える

旅のガイド⑦ 考え方や行動を修正して楽になる 認知行動療法

「距離の関係」

自分が親しみをもった態度だと相手も親しみのある態度になり、自分が敵対的だと相手も敵対的になる、という法則。

※落ち込んだり不安になったりしている時には、相手も引いたような態度になりがち。

「力の関係」

自分が弱気になると相手が強く出るようになる、という法則。

※うつや不安が強い時には相手にきついことを言われやすくなる。

マインドフルネス
「今、ここ」に集中して、ただ存在するだけの自分を感じる

(瞑想)

座る瞑想ではゆっくりと腹式呼吸でお腹の動きを実感します。立つ瞑想では足底の感覚を実感、歩く瞑想では足が動く感覚を実感します。

いろいろな思いや考えが浮かんでも良いので、それに気づき意識を戻します。

(漸進的筋弛緩法)

ジェイコブソンが開発したリラックス法。身体を横にして楽にします。
- 全身の筋肉を緊張させてから弛緩させる。

つま先、太もも、お腹、背中、胸、指と腕(肘を伸ばして両手を握りしめる)、肩(顎を天井に突き出す)、顔の上半分(目を閉じて眉間にしわを寄せたしかめっ面)、顎と舌(嚙みしめ

て顎に力を入れ、舌を前歯の裏に押し当てる)、顔の下半分(歯が見えるような「イー」の顔)

・リラックスできたかどうか確認する。
　身体の各部位をチェック。力が入っていると感じたところの力を抜きます。

・心地よい場面を思い浮かべて「リラックス」と心の中で思う。
　頭の先から指先まで、ただ力を抜いて脱力します。

(その他)
・問題から離れて気分転換する
　熱い風呂に入る、冷たいシャワーを浴びる、氷をおでこに当てる、音楽を聴く、動画や映画、テレビを観る、自然の中に浸る、海を見に行く、電車に乗る、ラジオを聴く、電話やLINEをする、鏡を見る、パズルやゲームをする、誰かの役に立つ、ボランティアをする、コンサートに行く、趣味に打ち込む、英会話、掃除や洗濯、何もせずボーっとする、大きくため息をつく、カラオケに行く、喫茶店に行く、外食する、ウインドーショッピング、香水やアロマテラピー、昔の友だちに会いに行く、祈る、瞑想や呼吸法を行う、自分を励ます、新しく何かを始めてみる、外で読書する、キャンプで焚火、ヨットやカヌー、夜空を見る、散髪に行く、髪型を変える、服を買う、化粧を変える、公園でブランコや滑り台をする、飲みに行く、今、食べたり飲んだりしている物に集中する………生きているのは楽しい、という感覚に理由はいりません。

　心の色メガネを外して行動してみましょう。生活リズムを整えて喜びや達成感のある活動を増やして、楽しい時間が過ごせると良いですね!

幸と不幸との差は、
その人が人生を楽しく
明るく見るか、
敵意を抱いて陰気に
見つめるかの差である
メーテルリンク

悲しいから
泣くのではない、
涙が出るから悲しいのだ。
ジェームズ

少しずつ少しずつ。
急には変われない。
でも諦めない。
土屋アンナ

断ればいい
好きではないこと
できそうにないこと
無理すること
すべて断ればいい
いきたくない場所に行って
会いたくない人に会って
合わない人に合わせて
自分がつらくなるだけ
たとえ無理しても
いつか相手は離れていく
本当は断れないのではなく
いい人になりたいだけ
嫌われたくないだけ
他人に振り回されていたら
満足する人生を過ごせない
もっと自分を大切にしよう

田口久人

見方が変われば、価値観も変わる。
人と違ってラッキーって
思える自分になる。

土屋アンナ

自分無法地帯

旅のストーリー❽

火山が爆発して
マグマが噴き出す

自分無法地帯

　小さい頃から毎日のように親に怒られ、殴られました。
「また、こんなに散らかして！」
「嘘つくんじゃないよ！」
「グズグズしないで、早くしなさい！何度言ったらわかるの！」
「少しは我慢しなさい！」
　こんなことばかり言われ続けて、憎しみの感情だけが心の奥の方で醸造されました。できないことやダメなところばかりを指摘されるので親の顔を見るのも嫌でした。やり場のないストレスをどこに向けたら良いのかわからず、エンピツを折ったり壁を蹴ったりしていました。動物や友達に暴力をふるうこともありました。

　落ち着きがなく、不注意で衝動的に行動してしまうことが多いのは事実ですが、両親には子どもを受け止める余裕はなく、激しい叱責と暴力の中で育ちました。現在の基準では虐待に相当する行為だったと思います。

　小学校で叩かれることはありませんでしたが、授業中ずっと座っているのが苦痛でした。前の座席の友達の背中をエンピツで突いたり、後ろの友達に話しかけたりして先生に注意されていました。家でも学校でも怒られることが多く、大人はみんな自分のことが嫌いなんだと思うようになっていました。

学年が変わり先生も変わってプリントの配布係になりました。授業の半分くらいが終わったところでプリントを配るため立ち歩くことができるようになりました。先生との約束で、立ち歩くまでは授業に集中するようがんばりました。叱られることが減り、朝の会と帰りの会では約束を守り褒められることが多くなりました。「姿勢を正して話を聞く」「手をあげて当てられたら発言する」この2つの約束を書いた紙が筆箱の中に貼られていました。その横には10枚で割り箸ゲットのシールが8枚貼られています。お箸をたくさん集めてボンドで接着し、ビルやタワーを創るのが大好きなのです。このシールをゲットするために朝の会と帰りの会だけがんばるのは容易なことでした。褒められてシールを何枚ももらっているうちに自信のようなものが少しだけついてきたように思います。

やがて就職し結婚しましたが、相変わらずトラブルは続いています。素晴らしい女性だと思っていた妻も、一緒に生活すると自分勝手なところが見えてきて言い合いになることが増えていきました。

「お前が早く帰って来いって言ったから帰って来たんだぞ！何でそんなこと言われなきゃいけないんだよ！」
「今日、早く帰って来てとは言わなかったでしょ！」
「じゃあ、いつ早く帰れば良いのか言えよ！何で俺が何時に帰るのかお前が決めるんだよ！お前のロボットじゃねーんだよ！ふざけんな！」

自分を止めることができませんでした。走り出した言葉はブレーキを無くし、怒りだけが膨らんでいきました。情動が抑えられず炎のようなマグマが口から吹き出します。

「私だって、あなたのロボットじゃない」
「俺がお前をロボット扱いしたのか？えっ？したのか？言ってみろ！」
衝動的にカッとなり殴ってしまいました。

（しまった！）
　ハッとして我に返った時、妻は泣きながら出て行くところでした。

　このまま戻らなかったらどうしようかと思っていましたが、数時間後に戻って来たのでホッとしました。こんなことが度々ありました。

　会社でもイライラすることがよくあります。
　取引先で担当者と話した後、「製品開発者本人とお話してみますか？」と言うので「良いんですか、お願いします」と言いました。
　しばらくして若い製品開発者がやって来て言いました。
「何なんですか、急に！こっちも忙しいんですよ、困るなあ！」
「…」
　担当者は後ろの方で気まずそうな顔をしています。
「何ですか、話って？手短にお願いします！これからまだ動作確認しなくちゃならないし、次の製品のプレゼン資料も作成しなくちゃいけないんだ！」
（何なんだ？この人？）
「今日だけじゃなくて明日も明後日も仕事が詰まってるんです！」
「…」
「早くしてください、話がないのなら行きますよ！」
　私は、イライラした情動を抑えることができませんでした。瞬間湯沸かし器のように頭の中のお湯が沸騰します。
「ふざけんなよ、お前！」
「…何を…」
「この担当者が言ったんだよ！お前と話すか！口の聞き方に気をつけろ！」
「…」
「わかったのか？ええ？口の聞き方に気をつけろって言ってんだよ！バカヤロー！」
「…」

明らかに年下である製品開発者を睨みつけながらも、胸ぐらをつかんで殴りたい衝動は何とか抑えることができました。怒りぎみの製品開発者と気まずい顔の担当者。二人の視線を感じながら、何も言わずにその場をあとにしました。

　ビルを出て歩き少し冷静になるにつれ、猛烈な後悔と自己嫌悪に陥りました。
（またやってしまった）
　相手の態度が悪いのは明らでしたが、彼も多分グレーゾーンなんでしょう。すぐ怒りに巻き込まれてしまう自分が情けないです。
（しまった！）
　カバンを置いてきたことに気づきましたが、戻る勇気はありませんでした。会社に戻って何と言おう、上司に何と話せば良いのだろう。

　その後、上司が出向いて商談そのものは継続し事なきを得ましたが、私はその取引から外されました。相手がキレやすいと自分もすぐに怒りのオーラに巻き込まれてしまいます。いつでも頭の中で怒る準備ができているのです。自分を制御することが難しく、結局、自分を追い込んでしまいます。
　家に戻ってからは浴びるほど酒を飲みました。

　休日、目覚めると11時を回っていました。すぐにゲームのアプリを立ち上げます。妻がやって来て言いました。
「またゲームをしているの、食事は？」
「適当に食べるから良いよ」
　呆れた顔で妻は部屋から出て行きました。
　1時間ほどゲームをした後、知り合いの女の子に LINE しました。
「元気？また食事しようね」
　既読になったのに返事が返って来ないので、別の友達に LINE しました。

「暑いなあ。その後、調子はどう？」

「まあまあだよ」

　すぐに返信があるとモチベーションが上がります。

「まあ、無理しないように。また話しましょう」

「ありがとう」

「ところで鬼のアニメ、映画化三部作だってね」

「そうなの？」

「そうだよ、ビックリだなあ。儲けるね、スポンサーは」

「確かに」

「オリンピック観てる？」

「観てるよ」

「何の競技が好き？」

「バレーとか柔道、バスケット」

「スケボーや水泳は？」

「観るよ」

「今年はお祭り行く？」

「あっ、ちょっとごめん。またね」

「またね」

　バイバイのスタンプを押しました。最後は必ず私が返信して終わります。自分から終わることはなく、相手が返信する限りやり取りが続きます。ずっと泳ぎ回っていないと死んでしまうマグロのように、**常に刺激を求めずにはいられないのです。**

　コーンフレークに牛乳をかけて食べ、それからまた2時間ほどゲームをしました。

（パチンコでも行くか）

　以前、クレジットカード決済による請求金額に唖然とした妻と彼女の両親の前で、現金しか持ち歩かない約束をさせられました。

　財布を確認して行くのを止めました。こんな金額で行っても勝てるわけがありません。行けないとなるとイライラして来ました。これも妻のせいです。

186

丁度、そこに妻が現れて言いました。

「食事は？」

「食べたよ」

「またコーンフレーク？」

「良いだろ、何食べたって！」

「普通の食事したら？」

「普通って何だよ？」

「まあ、良いけど」

　これ以上会話を続けるとイライラが増幅するので、立ち上がって着替え、そそくさと玄関に向かいました。

「出かけるの？パチンコ？」

「…」

　うるさい！と怒鳴るのを我慢して外に出ると、ムッとする熱気が身体を包みました。

（あいつのせいで！あいつのせいで！あいつのせいで‼）

　負けるに決まっている賭けに全額を費やすため繁華街に向かって歩いていると、向こうから見覚えのある顔が歩いて来ました。取引先の開発担当者です。私を見てフッと笑ったように見えました。

　気がつくと殴り倒していました。風を切って走りながら自分がどこに向かっているのかもわからなくなっていました。後ろから何か叫ぶ声がしましたが、うだるような熱気にかき消されて私には届きませんでした。

衝動的でカッとなりイライラを抑えることができない

> 理由

- 感情のコントロールが苦手。
- 考えるより先に行動しがち。
- 「許せない」（こうあるべき）と思う認知の仕方に偏りがある。
- （「許せない」の範囲は人によって異なる。）
- 定期的に発散しないと大きな怒りになることがある。
- 新しい気づきや情熱の着火剤になることもある。

テニスのフェデラーは、ミスして怒りを爆発させラケットを地面に叩きつけたことを「…でもこの怒りが、自分の目を覚まさせてくれたんだ。」と語った。（2023年7月3日　東洋経済オンライン「第1回　怒りでジダンが失ったもの、フェデラーが得たもの」）

> どうすればよいか

認知の仕方や行動を変える訓練をする

- 認知行動療法やアンガーマネジメントを実践する。
- 怒りを感じて行動するまでの間を耐える術をみつける。
- 食生活を含め生活を整える。
- ストレスをなるべく避ける（ストレスを受けるとコルチゾールというホルモンが分泌され、免疫系、中枢神経系、代謝系等に影響する）。
- 適度な運動。

できることをやろうとする姿が美しい。

刺激を求めずには いられない

理由

- 退屈で満たされない気持ちがあり、同じような毎日では満足できない。
- 好奇心が旺盛。
- 注目を浴びて承認欲求を満たしたい。
- 刺激的な毎日が有益だと思っている。
- 時間をもてあましている。
- ストレスがたまり羽目を外したい。
- いろいろなことがエスカレートして、より強い刺激を求めるようになる。

　成長につながるスパイスとしての刺激に留まらず、ギャンブル依存や不倫、違法薬物、万引きなど、過激な刺激なしの生活に耐えられないようになると危険。日常生活に支障を来さない程度にして、大きく踏み外さないことが大切。

　他人から認められたい、自分を価値ある存在だと認めたい気持ち（承認欲求）は、うまく付き合えば自己実現に役立つ。幼少期に認められ褒められる経験が少ないと、この欲求が高まる可能性がある。マズロー（アメリカの心理学者）は、人間は一つの欲求が満たされると次の欲求を求める、と考え以下の5段階を唱えた。
　①生理的欲求 ②安全欲求 ③社会的欲求 ④承認欲求 ⑤自己実現欲求

> どうすればよいか

適切な刺激をキープする習慣をつける

・当たり前の毎日が幸せだと気づく。
・刺激は常に求めるものではなく、適度に摂取するものだと気づく。
・専門家のカウンセリングを受ける。
・新しいことをしてみる（旅行、読書、引っ越し、恋愛、習い事、部屋の掃除や模様替え、普段は聴かない曲を聴く、新しいファッションやメイク等）。

すぐに上手くいかなくてもくじけない姿が尊い。

「行為障がい」の世界に入りかけているかも？

旅のストーリー⑧

自分無法地帯

こんな症状はないですか

・反社会的、攻撃的、反抗的な行動を繰り返し、他人や動物への攻撃、物の破壊、うそや窃盗、重大な規則違反などを繰り返す。

感情のコントロールができにくく、知的能力や言語性 IQ が低い場合がある。両親の離婚、身体的、精神的、或いは性的虐待などの環境要因や同世代からの拒絶、非行集団との関係などの地域要因がある。

どうすればよいか

■ 専門家による対応が必要

・マルチシステミックセラピー（MST）
・環境の改善。
・家族への支援。（ペアレントトレーニング含む）
・認知行動療法。
・ソーシャルスキルトレーニング（SST）
・カウンセリング　等

MST は、問題となる行動を強化する関係因子（家庭、学校など）の存在を発見し、それらへの接続を断ち切ろうとする心理療法。

SST は、コミュニケーションの技術から社会機能を伸ばす訓練。練習課題や場面を設定し、ロールプレイやフィードバック、モデリングやリハーサルなどにより機能習得を目指す。

ペアレントトレーニングは、親が本人への接し方を学ぶ訓練。好ましい行動に注目して適切な行動形成を目指す。オペラント条件づけと行動

191

分析の技法を基本とする。

⇨（旅のガイド⑦「考え方や行動を修正して楽になる」P162参照）

「間欠爆発症」の世界に入りかけているかも？

旅のストーリー⑧

自分無法地帯

こんな症状はないですか

- 急激な怒りや感情を爆発させ、激しい言葉で攻撃する。負傷させるようなことはまれ。30分も続かずに収まることが多く、落ち着いてから本人は後悔や自己嫌悪を感じる。幼少期に親の虐待やアルコール依存などで身の危険を感じる環境下にいた等、身体的、情動的外傷を負うとリスクが高まる。自己愛が傷つけられることへの防御という説もある。遺伝要因が関係すると言われる。うつや不安症、依存症、ADHD などと併存する場合もある。

どうすればよいか

■ 感情が高まり始めたら深呼吸

- 薬物療法と精神療法を合わせた治療がある。
- 自分の行動とその影響について知る。
  （衝動がどのようにして爆発に至るかを理解する）
- アンガーマネジメント
- 認知行動療法
- 何のために怒るのか、他の効果的な伝え方はないか、考える。

⇨（旅のガイド⑦「考え方や行動を修正して楽になる」P162参照）

193

いちばん深い
地獄にいる者ほど、
きよらかな歌をうたう
ことができます。
天使の歌だと
思っているのは、
じつは彼らの歌なのです。

ベートーヴェン

旅のガイド⑧
上手に怒る・上手に伝える
アンガーマネジメント

　テレビには上手に怒ったり、キレたりする人が昔から出演しています。大島渚さん、野坂昭如さん、浜田幸一さん、ビートたけしさん、大竹まことさん、カンニング竹山さん、マツコ・デラックスさん、坂上忍さん、有吉弘行さん、等。

　状況に合わせ、絶妙なタイミングで、上手に言葉を選び、鋭いツッコミをします。怒る時には、きちんと怒り、状況によってはお笑いのセンスが大切です。相手を傷つけたり、相手から嫌われたりせずに自分の意見を伝える技術、それが「上手に怒る」ということです。これは人間関係における自分の居場所をつくるために必要な技術です。

　「まだやってないの？遅いなあ！早くしてよ！」「持って来てないの！何やってんの！」「言われたことはきちんとやれよ！」「周りの迷惑も考えろよ！」などと言いたいことをバッサリ言った後、こう言います。

　「お前、良いのは顔だけかよ。俺と同じじゃねえか！」

　これは私のやり方です。個人のキャラや状況、相手にもよるので誰にでも使える方法ではありません。しかし、ユーモアは「上手に怒る」ために言葉のバランスをとる方法として有効なツールです。笑いの前で

は多くの人がひれ伏します。怒る技術と共にユーモア感覚を磨くことで強力な味方になるでしょう。

　ついカッとなってしまう人、キレやすい人がいます。周囲との関係性を維持する上で怒りのコントロールは大切ですが、そのエネルギーは他の感情に比べて強く、取り扱いには注意が必要です。自分の怒りに責任をもつため、怒りとは何か、どうすればコントロールできるのか考えましょう。

怒りは身を守るための感情で心の悲鳴

　怒りは心の危険を知らせる信号で、自分の命や家族が危険にさらされた、大切にしている価値観や立場が傷つけられた、思い通りにならない等、相手の言動に納得できないと感じた時に起きる感情です。誰にでもあり、悪いことではありません。行動に移すことが問題なのです。脳の辺縁系という原始的な部位が関係しており、皮質という部位が制御を行っています。

5つの側面
・身近な対象に強く出る
・強い者から弱い者へ流れる
・矛先を固定できない
・伝染しやすい
・生きる力になる

対処が必要なことに気づくチャンス
怒りが発生する仕組み

　怒りは二次的な感情で、単体では発生しません。怒りの前に一時的な

感情があります。「怒り」と「イライラする、ムカつく」など言葉の違いは一次感情から二次感情へ移行するスペクトラムのような関係で、一次感情を減らすことが大切です。

　怒りのコントロールを「とっさの対応」と「長期的な対応」で考えてみましょう。

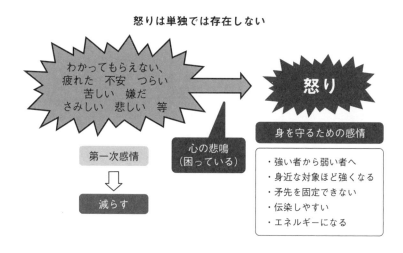

怒りは単独では存在しない

とっさの対応
衝動のコントロール

怒りのピーク6秒間をしのぐ

　脳の原始的な部分でカッとなり、皮質が働き出して「落ち着け」と少し冷静になるまでの間は約6秒で、40秒経つと半減すると言われます。怒りは長続きしないので、この間をどうするのか自分に合う方法を見つけましょう。大爆発する前に意識をそらす工夫が必要です。

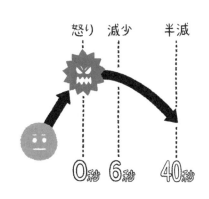

- 怒りのきっかけから離れる。
- 身体を動かして気分転換する。
- 6秒数える。
- 「発言は6秒後」と心に決める。
- 「相手の言うことを最後まで聞いてから発言する」と心に決める。
- 自分のももに指で「はらたつ」「ことわられた」等、その時の気持ちや事実を書く。
- 「落ち着け、大丈夫、冷静に言葉で伝えろ」等、心の中で唱える。
- エンピツを折る、雑誌を破る等、壊しても良い物を決めておく。
- 思考停止して、目の前の物に集中する。
- 音楽を聴く、テレビや動画を観る。
- 誰かに聞いてもらう。
- 飲んだり、食べたりする。
- 深呼吸をする。
- 第三者の助けを借りる　等。

長期的な対応
思考と行動のコントロール

上手に怒るために記録をつける

　怒るのは悪いことではありません。怒り方が度を過ぎないよう上手に怒れば良いのです。怒った後、冷静になってから記録をつけるのをお勧めします。まとまったら読み返してみましょう。怒りのスイッチや「こんなことで怒ったなあ」と省みることが大切です。

いつ											
どんなとき											
怒りの程度※		1	2	3	4	5	6	7	8	9	10
その時の感情											

※怒りの程度
1～3 :「まあ、いいか」と許せる程度の軽い怒り
4～6 :平静を保ちつつイライラする程度の少し強い怒り
7～9 :爆発しそうな強い怒り
10 　:人生最大の怒り

自分の怒りを知る

【怒りのタイプ】

　自分がどんな怒り方をしているのか調べてみましょう。「自分はこんな怒り方をしているな」と自分を評価することでメタ認知が鍛えられます。

※メタ認知：自分の状況や考え方等を一歩ひいた目で捉えること。

　自分の基準で、以下の各項目ごとに0～10でレベル分けをして線で結びましょう。
（怒りの強度）一度怒ると止まらない、非常に強く怒る
（怒りの持続性）思い出して怒る、根にもつ
（怒りの頻度）カチンとくることが多い、いつもイライラしている

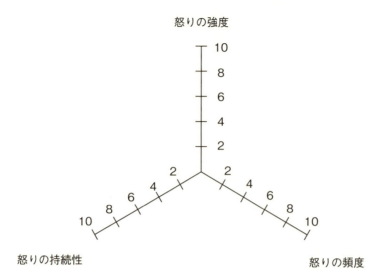

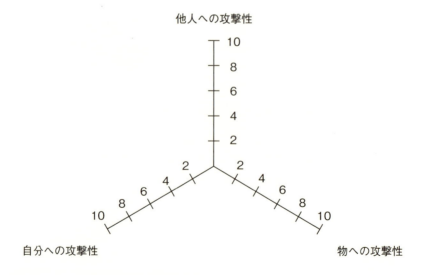

(野村恵理「保育者のためのアンガーマネジメント入門」(中央法規出版))

「怒る」「怒らない」の基準は自分の中にある

同じ状況でも、人によって捉え方が異なるため、結果として行動も異なります。自分の中にある「～であるべき」という考え方が「許せるか、許せないか」つまり「怒るか、怒らないか」を決めています。これまでの体験や環境、素質などが積み重なりできたもので変えることは難しいと思います。しかし、自分の基準がどのようなものか知り、整理することで自分の怒りをコントロールするきっかけとなります。

怒る基準が「その時の気分」にならないための仕分け

仕事が詰まっていてイライラしている時と、宝くじが当たったり好きな人に告白されたりした時とでは気分がまったく違います。同じ状況でも怒ったり、怒らなかったりするのは仕方ありませんが、少しでもメリハリをつけるために、あらかじめ「怒る、怒らない」の境界線を仕分けてみましょう。ポイントは自分の中にある「～するべき」という考え方（正しい、と思っていること）、もう一つは「まあ、いいか」という考え方です。イライラすることが多い人は「～するべき」をたくさん持っている可能性があります。

【仕事における～するべき（正しいと思っていること）】（許せない→怒る）

（例）5時には仕事を終えるべき、上司は部下に優しく接するべき、連

絡は紙媒体を廃止するべき、等。

【仕事における「まあ、いいか」】（許せる→怒らない）

（例）仕事が終わらなければ残業も仕方ない、上司は部下のことを考えて厳しくすることもある、パソコンが苦手な人は紙媒体での連絡でも仕方ない、等。

「まあ、いいか」と仕分けした内容については怒ることはありません。問題は「許せない→怒る」と仕分けした内容についてどうするか、です。

怒ることで変化するのか?さらに仕分ける

（許せない→怒る）にした内容について、「変えられる」（コントロールできる）と「変えられない」（コントロールできない）に仕分けします。

＜変えられる＞（コントロールできる）

＜変えられない＞（コントロールできない）

（例）5時には仕事を終えるべき→怒っても終われないこともある。
　　　上司は部下に優しく接するべき→怒っても優しくなるとは限らない。

202

連絡は紙媒体を廃止するべき→怒ってもパソコンの苦手な人から反対意見が出るかも。

怒ってどうしたいのか明確にする

自分の言う通りにしてほしい、謝ってほしい、弁償してほしい、共感してほしい、改善してほしい…等、怒る目的は状況によりさまざまです。まず、目的を明確にしましょう。次に、それを達成するための手段が問題になります。つまり「どう伝えるか」です。

「変えられる」と思うことのみ相手に伝わる怒り方をする

これは褒める場合も同じで「相手に伝わる」ということが大切です。何を伝えるか、誰が伝えるか、によって説得力は変わります。言葉だけでなく態度でも伝わります。

- 相手の方に身体を向け直視する（確固たる意志）。
  ※顔を見続けることが難しい場合は、耳や首あたりを見る。
- 無駄な言葉をなるべく削る（沈黙は強い意志の表現）。
- 穏やかな口調で、自分の第一次感情を伝える。
- 考えや思い、今後どうしてほしいのかを具体的に伝える。
  「私は」を主語にして伝えることで「相手を責めている感じ」が薄まります。

（例）
「どうしてそんなにひどい言い方をするの？」
→「私はそんなこと言われて辛いよ、もう言わないでほしい」
- 相手の気持や考えを受け入れる。
- 意志を伝えた後は関係性を築き直す言葉で締めくくる。

旅のガイド⑧　上手に怒る・上手に伝える　アンガーマネジメント

※「聞いてくれてありがとう」「話せる時間がもてて良かった」「気持ちを伝えられて良かった」等（怒ったことに対する言い訳はしない）。

アサーション〜ほどほどの言い方で伝える〜

相手を尊重しながら自分の意見も主張する方法です。お互いの置かれている状況を正しく理解するところから始まります。

- 自分が相手に伝えたい気持ちや考えをはっきりさせる。
- 自分のことだけ考えた「強い言い方」、相手のことだけを考えた「弱い言い方」を考える。
  例えば、夫が家事育児に協力してくれない時の伝え方。
  （強い言い方）
  疲れてるのはわかるけど、私も疲れてるの。ちゃんと話を聞いて協力してよ！
  （弱い伝え方）
  聞いてもらいたいことがあったんだけど、今度にするね。
- 極端な伝え方を考えた後で、中間の伝え方を考えて伝える。
  （中間の伝え方）
  疲れてると思うんだけど、家のことで困ってるから聞いてほしいことがあるの。聞いてもらえるだけで気持ちが楽になるからお願いして良いかな？今は無理ならいつが良いか教えて。

> Point：事実や状況、自分の気持ち、提案、可否を尋ねて、否定された時の対案も添える。

アサーションを阻害する考え方のクセ

「こんなことを言うと相手が気分を害して嫌われるかも」

「相手のことが好きなら、意見の違いはあってはならない」

「言ってもどうせわかってもらえない」

「話さなくてもわかってくれるに違いない」

「意見をはっきり主張しないと、相手の思う通りにされてしまう」等

NOと言いたい時 ～感謝＋断る方法～

（例：その1）上司から急に仕事を頼まれたが、急ぎの仕事を抱えている。

・自分の置かれている状況を伝える。

・断る理由を感謝やクッション言葉（申し訳ありませんが、せっかくですが、残念ですが、ありがたい話ですが、等）にのせて簡潔に伝える。

・代替案を添える。（明日なら可能です、等）

（例：その2）会社の飲み会に誘われたが気分が乗らない。

・「自分が相談されたらどう答えるか」考えてみる。

・誰かに相談してみる。

・自分にとって本当に意味があるのか？気分と考え方の観点から問題の大きさを評価する。

（気分）疲れる、不安。

（考え方）断ると付き合いが悪いと思われる。

（自分が相談されたら）行きたくないのなら行かなくても良いが、勇気を出して行ったら違う世界が開けるかもしれない。

　上記の要素を元に断る場合は（例：その1）の流れに従う。

「お誘いありがとう。うれしかったです。ただ、その日はどうしても外

せない予定が入っているので、残念ながら参加できません。行きたい気持ちはあるのだけど、ごめんなさい。」

　本当ではない事柄を入れるのに罪悪感があるのなら、次を参考にしてみてください。

「お誘いありがとうございます。とてもうれしいです。ただ、実は今新しい出会いに進む気力がなく、参加する気持ちになれないのです。申し訳ありませんが、またの機会にさせてもらえるとありがたいです。」

　我々は小さい頃から「言われたことを聞く」「受け入れる」等が良しとされる環境で育っているので、断るのは罪悪感を抱くものです。しかし、断ることも必要な場面があります。上手な断り方をしたいものです。

怒っている人にどう向き合うか

　少し落ち着いてから別室で話を聞き、気持ちや状況を理解しましょう。合わせて別の見方や伝え方があることも伝えます。留意点は以下。

対応例
・こんな人もいる、と考える。
・イライラしていることに気づかせる。
・相手の「〜するべき」に目を向ける。（自分の「〜するべき」と比較する）
・相手の第一次感情に目を向ける。
・場合によっては第三者に介入してもらい、お互いの気持ちや考えを共有して妥協点を調整する。

やってはいけない対応。
・怒りを封じ込めようとする。
・こちらに落ち度があっても認めない。
・怒っている人に合わせ自分も怒る。
・イネイブラー※になる。

206

※感情の爆発を許容する人。「怒ってはいけない」と自分に言い聞かせて「怒らない寛大さ」を持ち続けようとする。「怠惰・虚栄心・恐怖」に由来するとされる。
（片田珠美「すぐ感情的になる人」PHP新書）

DVなどで何度も同じような相手を選んでしまう人は、相手に依存する性質がある場合がある、とされます。相手が過剰にコミットしてくるのを愛情だと感じてしまい、コミットされないと寂しく一人でいることに耐えられない人です。自分を省みて暴力をふるう相手から逃げると同時に「一人でいることに慣れる」「一人も楽しい」と感じる時間をつくることが大切とされます。

（中川信子「キレる！脳科学から見たメカニズム、対処法、活用術」小学館新書）

攻撃することが快楽になっている人

自分には怒る正当な理由がある、と思っている人の怒りは留まるところを知りません。根底にあるのは、自分のルールだったり、正論だったりします。正義感から制裁行動をとる人の脳内からはドーパミンという神経伝達物質が出ます。この物質は快楽をもたらし、その行動が止められなくなります。麻薬やアルコール等の依存症を引き起こすこともあります。

こういう人は、攻撃することで「自分は正しいことをしている」とい

う承認欲求を満たしており、快感を得ているので怒りが継続します。車掌や警察などの助けを呼び「逃げる」ことが大切です。

家族や仲間に怒り、攻撃する人

仲間意識があることで怒りを助長し、「こんなに大事にしているのに、なぜわからないのか？言うことを聞かないのか？」と、激しく怒り、攻撃する人がいます。自分の子どもだから怒り、叩き、自分の妻や夫だから不倫が許せないのです。一心同体と思っている気持ちが強いほど怒りも大きくなります。「可愛さ余って憎さ百倍」という言葉がある通り、強い愛情があるがゆえに、裏切られたと思うと怒りが爆発し攻撃するのです。

第三項の排除

集団の中の一部をスケープゴートにして排除することで全体がまとまる、という理論があります（今村仁司「排除の構造」筑摩書房）。ゴッホは自分の耳を切り落とすことで自殺を免れました。教わらないのに誰もが知っている「♪〜言うたろ言うたろ、先生に言うたろ〜♪」というメロディーは、誰かを締め出すことで集団がまとまろうとする排除のメロディーでしょうか。

マイノリティーなど社会的弱者の排斥やヘイトスピーチなどの背景にもこれが関係します。自分たちの中の自分たちと異なる人たちを不当に低く見て排斥し、一方で自分たちがまとまります。

社会正義や秩序の維持に貢献している、という正義感があるため快楽ももたらし、執拗に排斥しようとします。

その他のイライラ解消法

【考え方の例】

- 最高のリベンジはこの人よりも良い仕事をすることだ、と考える。
- この人にとって一番不愉快なことは私が幸せでいることだ、と考える。
- 人をバカにする人はやり手ではない、と考える。
- この人は不安なんだ、と考える。
- 自分はすぐイライラすると自覚する。
- 自分の「〜するべき」という感情が怒らせている、と考える。
- 相手には自分の知らない事情がある、と考える。
- 神様が見ている、と考える。
- 我慢はしない、上手に伝えよう、と考える。
- この人は困っている人、怒りは悲鳴だ、と考える。
- 悲鳴を上げている相手を追い込まないよう怒って相手をしない、と考える。
- この人にも良いところはある、と考える。
- 一つでも良いとこがあれば良い人だ、と考える。
- 敵ではなく反面教師、と考える。
- もっと有意義なことに時間を使おう、と考える。
- イヤなことのあとには必ず良いことがある、と考える。
- 死ぬよりまし、と考える。
- あの人だったらどうするだろう、と考える。
- 自分のまいた種だ、と考える。
- これは人生勉強だ、と考える。
- 深刻なことじゃない、と考える。

- どうすれば楽しくなるか、と考える。
- 評価は相手への暴力、見下した行為、と考える。
- 他人は変わらない、と考える。
- 自分は「デクノボー」になりたい、と考える。
- プライドなんていらない、と考える。
- 自分の好きなことに集中しよう、と考える。
- 今は普通の状態じゃない、と考える。
- 相手は愛情があるから私を許せないんだな、と考える。
- 実は私に気がある、と考える。
- こいつを殴り倒すことは最後の手段としていつでもできる、と考える。等

【場面での対処例】
- 容姿をからかわれたら「そんなこと言って私に気があるんでしょう」と切り返す。
- 失礼な人には「そういう言い方はやめて」とはっきり言う。
- 嫌な人にはなるべく会わない。

- 待ち時間や通勤電車のイライラは有効に時間活用する。
- 会社の人間関係はユーモアと良いところ探しで切り抜ける。
- 口うるさい肉親には自立することでその関係を解消する。
- 付き合っている人からの連絡がない時は、二人の違いを受け入れ「誰にも事情がある」と考える。
- 「自分で考えろ！」と言われても相手にしない。
- 曖昧な批判はどう改善すれば良いのか具体的にしてもらう。
- うっとうしい人は「人間とはそういうもの」「人助け」と割り切って適当に付き合う。

- 話がうっとうしい人との会話は自分が話題をリードして話す。
- イライラしそうな場面になるべく近寄らない。
- 直接やり取りすると怒ってしまう場合はメールにする。
- 辛い時は友人と話す。
- あおり運転をされた時は外に出ず警察に連絡する。等

【その他】
- スイーツを食べる。
- ペットを飼う。
- ポジティブな言葉を使う。
- 要求ではなく依頼する。
- 早寝早起きに心がける。
- 温泉や旅行に行く。
- お風呂やシャワーを浴びる。
- 正しさにこだわらない。
- 相手を評価しない。
- 受け流す。
- 散歩や運動をする。
- 美容院やマッサージに行く。
- ガムを食べる。
- 自然の中に入る。
- 何か新しいことを始める。
- プールに行く。
- 音楽を聴く。
- 深呼吸。
- カラオケで歌う。
- 推しをつくる。
- 掃除をする。
- 楽器を始める。
- 河原や海に行き大声で叫ぶ。

- 釣り。
- パチンコやゲーム。
- 友達に電話する。
- テレビや動画を観る。
- 本屋に行く。
- ショッピングに行く。
- 爪を切る。等

※みんな事情があります。気持ちはキレても言葉でキレないよう気をつ
　けましょう。

固く握りしめた拳とは
手をつなげない。
マハトマ・ガンジー

怒りは他人にとって有害
であるが、憤怒にかられて
いる当人にとっては
もっと有害である。
トルストイ

いい会話とは
「意見が違う」という
出発点から始まり
「協力しよう」で
しめくくるもの。

中山庸子

気持よく断ることは、
半ば贈り物をする
ことである。

フリードリッヒ・ブーテルベーク

弱い者ほど相手を
許すことができない。
許すということは
強さの証だ。

マハトマ・ガンジー

荒野のケッコン生活

旅のストーリー❾

旅のストーリー❾

私の苦しさ、誰かわかって!

荒野のケッコン生活

　小さい頃から落ち着きがないとか、気分屋とか、片づけができないとか言われて来ました。自分に疲れて嫌になることがよくあります。

　学校生活はそれなりに楽しめましたが、授業に集中することが苦手ですぐに違うことを考えてしまいます。成績は良くも悪くもないといったところでした。好きなことには熱中するのですが、興味のないことをするのがすごく嫌なんです。

　結婚して6年が経ち、二人の子どもに恵まれました。子育てって大変。子どもと一緒にいると本当にクタクタです。子育て支援センターにも行きましたが、他のお母さんや職員の方に気を使ってしまうので疲れました。ストレスを発散するのが苦手なのですぐイライラします。
「なにやってるの!もう!何度言ったらわかるの!」
　そのストレスは子どもに向けられ、辛くあたってしまうことがよくあります。**カッとなりやすく怒りを抑えることができません**。冷静になると自己嫌悪に陥り、子どもの心を荒らしてしまっているなあ、と反省します。
　家の中は散らかり放題。おもちゃを片づけないと掃除機もかけられません。洗濯や食事の準備もあるし、家事って本当に大変。みんなよくやっていると思います。
　朝のあわただしい時間。出勤の準備を終えて、ふと子どものおでこに

手を当てると何となく熱いような気がしたので体温計で測りました。

（37.2度、う〜ん、微妙）

「行く！行く！」
　気配を察して子どもは言い張ります。
「わかった、行っていいから、今日はおとなしくしてなさいよ」
「はーい！」
　夫に向き直りダメ元で聞きました。
「今日も帰りは遅いの？」
「うん」
　そう言って出かけて行く夫を恨めしそうに見送り、上の子どもを幼稚園のバスに乗せました。共働きなんだから、もう少し協力してくれても良いと思うのです。夫は「やさしい良い夫」と周囲からは思われているようで、それがまたストレスになります。

（もう、外づらが良いんだから）

　昼過ぎに幼稚園から電話がありました。
「えっ！吐いた？！わかりました、すぐ迎えに行きます」
　上司に事情を説明して早退させてもらい幼稚園に向かいました。先生にあいさつをして、ぐったりしている我が子を車に乗せました。

（やっぱり休ませればよかった！）

　その足でかかりつけの病院に連れて行きました。クスリをもらい家に戻っておかゆを作りました。寝顔を見ていると懺悔の気持ちで一杯になり「もっと優しくしてあげよう」と思います。

　私は親から「だらしない」と言われて育ちました。今は自分が親に

なったんだからそういう自分ではいけない、とプレッシャーがかかります。親なんだからきちんと家事をしなくちゃいけない。親なんだから子どもをきちんと育てなくちゃいけない。でも本当は親である前に、私自身をもてあましているんです。「ありのままの自分で良い」なんて絵空事。こんな自分で良いはずがありません。**女性らしさや親らしさを自分に押し付けてストレスになっているのかもしれません**。でも片づけはしなくちゃいけないし…

　いつも散らかっているのでそれが普通になってしまい、必要な物もどこにあるのかわかりません。それでまたイライラするのです。

　その日を境にスイッチが入り一念発起して片づけました。やるとなったら徹底的にやるのです。そして、以前より少しはきれいに部屋をキープするようになりました。子どもの風邪はすっかり治っていました。

　ある日、仕事から戻った夫が言いました。
「最近、部屋がきれいになったね。やればできるじゃん」

（何よ、その言い方、少しは協力してよ！）
　急に怒りがこみ上げてきました。

（どれだけがんばっていると思ってるの！）
　そう言いたいのをグッと我慢して玄関から飛び出しました。ここにいたら喧嘩になると思ったのです。

　夜風が心地よく、近くのコンビニでスイーツやお菓子を爆買いしてしまいました。公園でエクレアを食べながら涙がこぼれました。

（こんなに買って、どうしよう）
　泣いて冷静になると自分が情けなくなりました。

家に戻ると子どもたちが笑顔で出迎えてくれました。
（わーい！ママ、ありがとう！）
　私の買ったスイーツに喜んで手をのばします。
「これ買いに行ってくれたんだね！心配しちゃった」
「ごめんね」
　私は涙をこらえて子どもを抱きしめました。その横でスイーツを食べる夫の姿をみて、怒る気にもなりませんでした。

「あー、パパずるい！」
　自分だけコーヒーをいれています。いつものことですが、ふつう「何か飲む？」って聞かない？

「ジュース飲む？」
　私がついフォローしちゃうんです。
「飲む！みかんジュース！」

　私はスマホが手放せません。唯一の自分のスペースなのです。一人になりたい、自分の世界がほしい、そんな私のお守りです。
　ネットをみているとアサーションという言葉に出会いました。

　アサーション：相手を尊重したうえで自分の意見を主張するコミュニケーションの方法。例えば、連絡がほしい時の伝え方として、相手の行動に主眼をおいて「なんで連絡くれないの？」と伝える場合と、自分の気持ちに主眼をおいて「連絡くれるとうれしいな」と伝える場合では受ける印象が異なる…。

（なるほど、これは家庭でのコミュニケーションで使えるかも…）

　試してみたくなり、冷静になって言葉を考え夫に伝えてみました。

「いつもお仕事ご苦労さま。大変だろうけど、7時には帰って来て子どもと遊んでくれるとうれしいな」

　夫は何も言いませんでしたが、次の日から帰ってくるようになりました。

（これ、使えるかも！子どもにも怒鳴らずにこの伝え方で話そう！）
　そう決心したのも束の間でした。

「もう！またこんなに散らかして！せっかく片づけたのに！」
「けんかするんなら、もう買ってあげないからね！」

　やっぱり怒ってしまい現実は上手くいきません。いざ実践しようとすると、自分に心の余裕がないとあのような言い方はできないことがわかりました。一番大切なことは私の心の余裕です。それをどうキープするか、それが課題です。
　思えば、いつも予定を詰めて時間もギリギリ、締め切りギリギリで生きてきました。余裕を持つことがほとんどなかったように思います。

　家族みんなで仲良くしたいのに、近くにいるから傷つけてしまい後悔する毎日。コミュニケーションって難しい。自分をコントロールするって大変。
　疲れる毎日ですが、何とか私たちの生活は続いています。子ども達が良い子に育ってくれていることが一番の救いです。

カッとなりやすく
怒りを抑えられない

旅のストーリー⑨ 荒野のケッコン生活

理由

- 物事をネガティブにとらえる傾向がある。
- 感情のコントロールができにくく、過剰に反応しやすい。
- 自分の考える正論と異なるのが許せない。
- 正論で散らかった脳の中をスッキリさせたい。
- 怒りで自分を守ろうとしている。

感情の起伏が激しく、すぐに怒るが自信も喪失する。怒りのスイッチが入ったことを自覚し、身体を動かしてスイッチを入れ替える。自分がイライラしていることに気づくこと、第三者が気づかせることで少し落ち着くはず。会社などであればクールダウンできる別室で、落ち着いてから話を聞くなど、周囲の協力も必要。

どうすればよいか

怒っている自分に気付き、爆発する前にクールダウン

- 身体を動かす（その場から立ち去る、水を飲む、深呼吸、顔を洗う、何かを握る等）。
- 感情に冷水を浴びせる。
- イライラしている時ほど思い込みを疑う。
- 相手の言葉を、事実と感情にわける。
- 違う考え方をしてみる。
- 自分に不足がちな栄養素を調べてもらいサプリメントを試してみる。

⇨（旅のガイド⑧「上手に怒る・上手に伝える」P195参照）

女性らしさを押しつけられてストレスを感じる

理由

- 日本社会が「女性らしさ」を求めることでプレッシャーになる（もともと特性があるのに加えての圧力）。
- 生育歴から女性らしくあらねばならないと思い込んでいる。
- 月経のときに心身が不安定になる。

どうすればよいか

周囲の理解で日本社会がかわらなければいけない

- 女性らしさを押しつけない（女性なのにだらしない、等はNG）。
- 性別に関係なく良いところをみる。
- 自分らしさを活かす。
- 月経の時は仕事や予定を詰め込まず適度に休む。

結婚生活が上手くいかない

理由

- 一緒にいる時間が長くなると相手のあらが見える。
- もともと他人なので考え方や振る舞い方が一致しないのは当然。

- どこまでを許容範囲とできるのかが人によって異なる。
- 新鮮さや余裕がなくなり思いやりの気持ちが薄れてくる。
- 発達障がい等の特性によりコミュニケーションが上手くとれない。
- 実行力のある人ほど離婚しやすい。

　流れる水はきれいだが、淀んでしまうと濁ってくる。家庭は他人が入りにくい親密で固定された集団。学級などの固定化した集団ではいじめが起こることがあるが、大学の講義など流動化している集団では起こりにくい。固定的な環境は腐敗しやすく、流動的な環境は新鮮さを保ちやすい。

どうすればよいか

- 結婚生活は、もめて当然と考える。
- もめても次の日には普通に会話をする。
- お互いの長所や短所を知る。
- 相手に敬意をもち、無理やりでも良いところを見るようにする。
- 「こうあるべき」というお互いの自己意識が喧嘩の原因であることを認識する。
- 最優先事項として自分ひとりの時間と空間を確保する（休日の午前はひとりの時間、等）。
- 二人の問題として孤立しない、周りに相談できる人を持つ（不満を我慢し続けるといつか爆発するので、小さいうちに解消）。
- 固定的な環境から流動的な環境をつくる（距離を置いたり第三者が介入したりする）。
- デートや旅行等、非日常的なイベントを定期的に行う。

上手くできなくても仕方ない、しようと思った自分を褒めてあげる。

旅のストーリー⑨　荒野のケッコン生活

⇨（旅のガイド⑦「考え方や行動を修正して楽になる」P162参照）

⇨（旅のガイド⑧「上手に怒る・上手に伝える」P195参照）

どの夫婦も、夫婦となる
縁があったということは、
相手のマイナス部分が
かならず自分の中にも
あるんですよ。
それがわかってくると、
結婚というものに
納得がいくのでは
ないでしょうか。
私は人間でも一回、
ダメになった人が
好きなんですね。

樹木希林「樹木希林120の遺言」

恋愛していても、
結婚しても、他人同士だ。
踏み越えちゃいけない
ことだってある。

土屋アンナ

何も言わなくても
わかってほしい、
っていうのは甘えだ。
親、恋人、夫婦だって、
感じ方や考え方は違う。

土屋アンナ

旅のガイド⑨

こんな時どーする？

こんな自分が嫌いで自分を変えたいです。

　自分の弱さと向き合っているからそう思えます。今の自分は「そうなりたかった自分」です。理想とする自分を想像して「そうなりたい」と思っていればなれます。再インストールするイメージで「こんな自分を使いこなす」「誰かの役に立つ自分になる」と思ってはいかがでしょう。「こんな自分」を開示して笑い飛ばしましょう。合言葉は勇気！

自分はどうしてこんなに悩むのでしょうか？

　改善したいと思っているから悩みます。悩むのは人間の能力の一つです。今の否定的な気持ちや感情は、さらなる成長に向けて踏み出した証です。いくら悩んでもすぐに解答は出ないでしょうが、心の中にある想いは大切にしておくと必ず役に立ちます。

　悩んでいる時、脳は敵になるので、「そう思い込んでいる」自分を意識してください。身体や感覚を大切に、行動してみてください。

ネガティブな自分に自信が持てません。

　「ネガティブな自分」が悪いわけではありません。自分は他人から肯定的に見られているだろう、という思い込みが根拠のない自信につながり

ます。逆に他人から否定的に見られている、という思い込みが辛さの原因になります。世界の見え方は、どんな人であれ思い込みです。問題はどう思い込むか、です。

他人を否定的に見ないことで自分自身が楽になります。そのためには、まず「自分の弱さ」と向き合うことです。具体的な方法は本書「心のメンテナンス」。

人が多いと疲れます。

人ごみは疲れますね。行かざるを得ない場合は、目的地に行くことだけを考えるようにして目的を明確にしましょう。トイレなどの逃げ場がある、と思い、楽しいことを考えましょう。スマホや音楽を聴くなど、自分の世界に浸るのも良いですね。

人の顔色が気になります。

わからないのは不安なものです。他人は自分のことをどう思っているのかわかりません。推測や思い込みで判断するしかないのです。嫌われたくないので人目が気になります。自分の弱さと向き合い、敏感さや繊細さを生かして開示しキャラとするのはいかがでしょうか。「人に嫌われるのがいやな自分」を売り出すのです。「嫌われるのって怖いよね〜」などと話せば共感を得られるかも知れません。辛い時は、なるべく人を見ないのが良いでしょう。

じっとしているのが苦痛です。

多動傾向があるためじっとしていられないか（大人になると減少します、頭の中は多動ですが…）、脳の覚醒レベルが下がっているため上げようとしているかのどちらかです。席を立って気分転換しましょう。休

憩する時間や、これだけやったら休憩すると決めておくと、そこまでがんばれます。

寝ていないのに電車を乗り過ごしてしまいます。

スマホは見ない、と決め、降りる駅に意識を向けます。一つ前の駅でドアの近くに移動するなど身体を動かしましょう。

やっていたことや言いたいことをすぐ忘れます。

短期記憶が弱いため留めておけません。刺激に敏感で情報が次々と更新され、やっていたことを忘れてしまいます。「何の話してたっけ」などと記憶の尻尾を探しましょう。内容が確実でないまま次の活動や話に移ろうとするとわからなくなります。「今していること」を確実に終わらせてから次のことをするよう心がけましょう。

月曜日や連休明けが辛いです。

私も嫌でした。でも訪問教育の担任をしている時は月曜日が楽しみでした。「あの人に会える」と思うと楽しいのです。そういう人や物、活動を職場につくりましょう。「好きなことがある」「好きな人がいる」というのは生きる希望になります。

がんばって行けるのなら行けば良いですが、無理しなくても良いと思います。休む勇気は休憩する勇気。本当に辛いのなら笑顔で行けるところは他にもあります。

やりたくない仕事はどうすれば良いですか？

絶対にやらなければならない仕事の場合、自分で何とかする、協力者

を探して一緒にする、自分にはできないので上司に相談する、投げ出して休む、このどれかでしょう。

好きなことを仕事にする、仕事の中から好きなことをできるだけ選ぶ、これが大切です。続けることで面白くなることもありますし、部署が変われば楽しさも変わることがあります。仕事のすべてが楽しくない訳じゃないと思います。興味のあるもの、優先順位の高いもの等、仕事の内容を振り分けてみましょう。

つい主張や口調が強くなります。

思い込みが強く「〜するべき」が多いほど怒りも多くなります。感情の抑制ができにくいことを自覚し、「口調が強くなったら言ってね」と前もって伝えておきましょう。

日頃から同じ分野の優れた人の文献や意見を参考にすると謙虚になれます。

今の仕事や組織が嫌ですが、転職する勇気はないし自分がどんな仕事に向いているかわかりません。

目前のことを夢中でやってみないと、自分に向いているか、いないかがわかりません。自分の仕事においてどれだけ集中して使命をまっとうできているか、が重要です。自分に合った仕事は頭で考えるだけではわかりにくいものです。案外、身近にいる他人があなたの向き、不向きをあなた自身よりわかっていることがあります。どんなことをするにも勇気が必要ですが、あなたが嫌がる今の仕事や組織があなたの生活を支えています。自分を限界づけるものが自分を支えます。

面倒なことにすぐ取り掛かれません。

　嫌なことからは遠ざかりたいものです。絶対にしなければならないのなら、できた時の充実感や喜びを想像しましょう。自分へのご褒美も考えてください。先延ばししても良いことにはなりません。しなくても良いのなら、あるいは誰かに頼めるのなら相談しましょう。

「しなければならないこと」があるのが嫌だからすぐにやってしまう、という人からすれば、「すぐ取り掛からない能力」といえるかもしれません。支障が出るかどうかが、改善すべきかどうかの判断基準です。

ボーっとして上の空になります。

　ボーっとしている人は自分と会話しながら考えていることが多いと思います。

　目前のことに興味がないので、脳が「休ませて」と言っていることもあります。そんな時は休ませてあげましょう。睡眠不足ではないですか？休憩して身体を動かしましょう。

会社に「お前のためを思って」と言う嫌いな人がいてストレスがかかります。

「お前のためを思って」と言う人はそのセリフを隠れ蓑にしています。自分の価値観を押し付けているのですが、その根拠には自信がありません。大抵は「向上心を持て」みたいな「こういう生き方をしろ」という類のものです。

「そういう人」と割り切って心の距離を取りましょう。「どうでもいい人」になるとストレスは軽減されます。その人のために生きているので

はないので気を遣う必要はありません。「毒気」をなるべく吸わないよう心と身体の距離をとりましょう。

※熱烈に好きだった二人が別れる時には憎しみ合うように、「好き」と「嫌い」は同じカテゴリー、反対は「相手にしない」。同様に「成功」と「失敗」も同じカテゴリーで反対は「何もしない」。何かをしていれば失敗もあるが成功もある。

「そんなことも知らないの?やばいよ」「俺なら1日で終わるよ」等、知識や経験を振りかざして話す同僚にうんざりしています。

　その人は劣等コンプレックスの塊です。うぬぼれの強い人は、いつか心が折れます。そんな人に惑わされ無駄なエネルギーを注ぐ必要はありません。「可哀そうに、コンプレックスがあるんだなあ」と考え、「そうですか」「すごいですね」「なるほど」等、聞き流しましょう。

怒鳴ったり嫌味を言う上司が嫌いです。

　無能だから怒鳴り、嫌味を言います。「嫌い」で済むのなら良いと思います。相手が間違っていて我慢できないのなら、その場で指摘しましょう。「自分がどう思われるか」を考えるとできないのであれば、その程度のことなのです。

仕事が増えるとミスが頻発します。

　一度にいろいろなことをすることが苦手だと自覚しましょう。メモを取り、一つずつ片づけます。聞く内容は頭の中でグループごとに仕分けしましょう。具体的な方法は本書「片づける」。

旅のガイド⑨ こんな時どーする？

すぐにイライラします。

　イライラする話題や人から一旦、距離を置きましょう。向き合わざるを得ないのなら、落ち着いてから向き合いましょう。イライラしている自分を意識しましょう。具体的な方法は本書「上手に怒る・上手に伝える」。

　性衝動や攻撃性には男性ホルモンが関係するといわれます。20歳代でピークを迎え徐々に下降線をたどります。

いつもギリギリになります。

　活動を詰め込みすぎないよう時間に余裕をもちましょう。それを阻んでいるのは「まだ大丈夫」という意識です。遅れた場合、殺されるとしたら遅れないでしょう。具体的な方法は本書「片づける」。

物をどこに置いたか忘れます。

　目前のことに意識が奪われるため、一瞬前のことを記憶できません。物の定位置を決めて、無意識でもそこに置くくらいにパターン化させましょう。一つのことを確実に終えてから次の活動に移りましょう。

いつも問題のある人とばかり付き合う私です。

　関係性は二人で築くものです。あなたの中にある何かがそうさせている可能性があります。何が「問題」なのかに依りますが、自分を省みる機会といえます。

新しいことにチャレンジできません。

「自分はこうしたい」という目的があいまいではないですか。無理にチャレンジしなくても良いと思います。せざるを得ない状況になればできます。

「聞いてない」とよく言われます。

「聞いてないんじゃなくて、聞こえてるけど聞き取れない『聴覚情報処理障がい』かもしれないんだ」と伝え、何回も言ってもらい、書いて伝えてもらいましょう。

会話の途中で頭が真白になることがあります。

相手の話の内容を聞き取れていないため、返す言葉がみつかりません。聞き取る力が弱いため疲れてしまい、意識が会話に集中できなくなっている可能性があります。「よく聞こう」と意識して聞き、長時間の会話を避けることです。

これという人生の目標がありません。

人生に目標などありません。向こうからやってくるものです。希望を捨てず、やってきた「今」の状況に全力で応えることです。やりたいことがあればアクションを起こせば良いのです。それが「生まれて、生きていく」ことだと思います。日々、食べていくだけのお金と友だちがいれば最高です。

私の苦しさ、誰かわかって

「よく考えて行動しなさい。」「先々を読んで、事を選びなさい。」「しっかり振り返って、過去に学びなさい。」子ども時代から大人時代まで普遍的によく聞く、賢くスマートに安全に効率よく生きるためのお説教常套句です。それに、思慮深い人って、確かにかっこいいし…。

「あなたの明るさ、真っ直ぐさ、元気の良さが素敵だよ」って、言われたこともありました。でも最後に獲物をゲットするのは、いつも"考える人"達。器用にスマートに持ってっちゃうの。私と言えば、不器用だから、いつも損害度外視正面突破大作戦。何度も何度もぶつかって、打たれ倒され傷だらけ。しばしば途中で潰えたり、這いつくばったりして、息も絶え絶え何とかゴールに着いたとしても、あるのはおこぼれ残り物…ああかっこ悪いわ！みっともないわ！マジで腐るわ、やさぐれるわ。死にたくなる程恥さらし。何の成果も出せなくて、失敗だらけの負け組人生。「あの有名人も発達障害だった！特性を武器に偉業を成し遂げ…」なんて慰め聞きたくない。本当の私の苦しみを知らない人だから言えることでしょ。そんなキラキラサクセス人生、一部の選ばれた人だけだって！私ってば、生きてるだけで不思議！ってくらいの、ギリギリボロボロ人生…。

　そんな風に思いながら生きている方々も、少なからずおられるのではないかと思います。「私と同じ思いをしたことのないあなたなんかに、偉そうなことを言われたくない。」と言われたことには、反論の余地もありません。ただ、でも、逆に、第三者の立場からでないと言えないことがあります。それは、たとえあなたにとってあなたが思ったようにはいっていないギリギリ人生だったとしても、傍からそれを「かっこいい！」って感動と尊敬の眼差しで見ている人がいる、ということを信じて下さい、ということです。

全人類にとって歴史的・文化的に共通したところなのですが、人々を感動させるヒロインやヒーローは、どんな物語であっても、必ずギリギリだったりボロボロだったり、傷だらけです。1ページ目から最強スキル最強パワー最強装備の主人公なんて、たとえ強敵を瞬殺したとしても、何の感銘も与えません。

　打たれ倒され傷だらけになって、時にくじけたり、逃げ出したり、失ったりするけど、息も絶え絶え這いつくばりながらも人生という強敵に挑む。そんな姿に、人々は感動し、勇気をもらいます。臆病で弱い私たちですから、もちろんそんな満身創痍な主人公と同じ立場になれるなんて思えません。だって、そんな強さは持っていないから。だから、そこにあるのは、尊敬です。

　あなた自身も絶対に、そんなヒロインやヒーローの物語に出会ったことがあるはずです。それは漫画でしたか？映画やドラマ？お芝居？小説？フィクション？ノンフィクション？子どもの頃に熱狂したそれかもしれないし、最近ホロリと来たそれかもしれません。でも、その物語の中の"傷だらけの"主人公達は、果たして「うらぶれた私って、素敵！」とか「血まみれの俺、かっこいい！」とか気づきながら運命と戦っているでしょうか？そんな訳はありません（そんな、自分に酔われたりしたら…幻滅です）。多分逆に泣いたり焦ったり、弱い自分を恥じたり怯えたりしていると思います。でも、それにも関わらず、読者や視聴者はそれに心を洗われ、力を与えてもらいます。

　「自分に酔われたりしたら…幻滅です」なんて言ったところに申し訳ないのですが、そんな自分のかっこよさに、ちょっとはあなた自身にも気づいてほしいなって思います。あなたを熱狂させたりホロリとさせた、あなたのその大切なヒーロー・ヒロインと同じかっこよさを、あなた自身が持っていて、地で日々それを実践しているということに。そしてそれに誇りを持って（そしてちょっと酔って？）ほしいなと思えてなりま

せん。まだまだ人生の中盤ですから、物語は一番ハラハラさせられるところ…そんな真っただ中で、自分のかっこよさに気づくなんて、そう簡単ではないでしょうけれど…。

でも、誇りを持つと、それと一緒に慈しみが現れます。それは自分や周りの人々、生き物、さまざまな事象に広がっていきます。そして誇りと慈しみは、責任も生み出します。押し付けられたようなものではなくて、自分にとって大切なものを守るための、確かに重いけれど、やりがいのある、素敵でしびれる責任です。

そんなかっこよさ、もしかして、もう気づいているかもしれませんね。誰が気づいているかって？…それはあなた自身かもしれないし、あなたの身近な人かもしれません。一方で、それは気づいていることに気づいていないのかもしれないし、忘れては気づき、忘れては気づきを繰り返しているのかもしれません。

でも、少なくとも、あなたを含め誰が何と言おうと、私はそれに気づいています！…個人的で手前ミソな話で、大変申し訳ありませんが…。

Go for Broke!

**第442連隊戦闘団
（それはアメリカ合衆国史上、
最も勇敢で、最も多くの勲章を受け、
敵のみならず偏見とも闘い、
最も傷だらけだった、日系人部隊）**

巻末資料

DSM-5によるADHD診断指針

注意欠如・多動症 / 注意欠如・多動性障害
Attention-Deficit/Hyperactivity Disorder

A. （1）および／または（2）によって特徴づけられる、不注意および／または多動性─衝動性の持続的な様式で、機能または発達の妨げとなっているもの：

(1) **不注意**：以下の症状のうち6つ（またはそれ以上）が少なくとも6カ月持続したことがあり、その程度は発達の水準に不相応で、社会的および学業的／職業的活動に直接、悪影響を及ぼすほどである：注：それらの症状は、単なる反抗的行動、挑戦、敵意の表れではなく、課題や指示を理解できないことでもない。青年期後期および成人（17歳以上）では、少なくとも5つ以上の症状が必要である。

  (a) 学業、仕事、または他の活動中に、しばしば綿密に注意することができない、または不注意な間違いをする（例：細部を見過ごしたり、見逃してしまう、作業が不正確である）。

  (b) 課題または遊びの活動中に、しばしば注意を持続することが困難である（例：講義、会話、または長時間の読書に集中し続けることが難しい）。

  (c) 直接話しかけられたときに、しばしば聞いていないように見える（例：明らかな注意を逸らすものがない状況でさえ、心がどこか他所にあるように見える）。

  (d) しばしば指示に従えず、学業、用事、職場での義務をやり遂げることができない（例：課題を始めるがすぐに集中できなくなる、また容易に脱線する）。

  (e) 課題や活動を順序立てることがしばしば困難である（例：一連の課題を遂行することが難しい、資料や持ち物を整理しておくことが難しい。作業が乱雑でまとまりがない時間の管理が苦手、締め切りを守れない）。

  (f) 精神的努力の持続を要する課題（例：学業や宿題、青年期後期および成人では報告書の作成、書類に漏れなく記入すること、長い文書を見直すこと）に従事することをしばしば避ける、嫌う、またはいやいや行う。

  (g) 課題や活動に必要なもの（例：学校教材、鉛筆、本、道具、財布、鍵、書類、眼鏡、携帯電話）をしばしばなくしてしまう。

  (h) しばしば外的な刺激（青年期後期および成人では無関係な考えも含まれる）によってすぐ気が散ってしまう。

  (i) しばしば日々の活動（例：用事を足すこと、お使いをすること、青年期後期および成人では、電話を折り返しかけること、お金の支払い、会合の約束を守ること）で忘れっぽい。

239

（2）**多動性および衝動性**：以下の症状のうち6つ（またはそれ以上）が少なくとも6カ月持続したことがあり、その程度は発達の水準に不相応で、社会的および学業的／職業的活動に直接、悪影響を及ぼすほどである：

注：それらの症状は、単なる反抗的態度、挑戦、敵意などの表れではなく、課題や指示を理解できないことでもない。青年期後期および成人（17歳以上）では、少なくとも5つ以上の症状が必要である。

(a) しばしば手足をそわそわ動かしたりトントン叩いたりする、またはいすの上でもじもじする。

(b) 席についていることが求められる場面でしばしば席を離れる（例：教室、職場、その他の作業場所で、またはそこにとどまることを要求される他の場面で、自分の場所を離れる）。

(c) 不適切な状況でしばしば走り回ったり高い所へ登ったりする（注：青年または成人では、落ち着かない感じのみに限られるかもしれない）。

(d) 静かに遊んだり余暇活動につくことがしばしばできない。

(e) しばしば"じっとしていない"、またはまるで"エンジンで動かされているように"行動する（例：レストランや会議に長時間とどまることができないかまたは不快に感じる；他の人達には、落ち着かないとか、一緒にいることが困難と感じられるかもしれない）。

(f) しばしばしゃべりすぎる。

(g) しばしば質問が終わる前に出し抜いて答え始めてしまう（例：他の人達の言葉の続きを言ってしまう；会話で自分の番を待つことができない）。

(h) しばしば自分の順番を待つことが困難である（例：列に並んでいるとき）。

(i) しばしば他人を妨害し、邪魔する（例：会話、ゲーム、または活動に干渉する：相手に聞かずにまたは許可を得ずに他人の物を使い始めるかもしれない：青年または成人では、他人のしていることに口出ししたり、横取りすることがあるかもしれない）。

B. 不注意または多動性一衝動性の症状のうちいくつかが12歳になる前から存在していた。

C. 不注意または多動性一衝動性の症状のうちいくつかが2つ以上の状況（例：家庭、学校、職場：友人や親戚といるとき；その他の活動中）において存在する。

D. これらの症状が、社会的、学業的、または職業的機能を損なわせているまたはその質を低下させているという明確な証拠がある。

E. その症状は、統合失調症、または他の精神病性障害の経過中にのみ起こるものではなく、他の精神疾患（例：気分障害、不安症、解離症、パーソナリティ障害、物質中毒または離脱）ではうまく説明されない。

おわりに

　最後までお読みいただきありがとうございました。

　まるで自分のことを書いているようでした。「人と違う」「何か変だな」と思いながらも見た目にはわかりにくいため理解されず辛い想いをしている方がいらっしゃいます。「こうすればよい」とわかっていても「そんなに上手くはいかないよな」と思います。しかし、上手くいかなくてもくじけないことが尊いのだろうと思います。本書を読もうと思ったこと自体が素晴らしく前向きな姿勢の証です。

　「書く」ことは、相手との間にある溝を埋める言葉をみつける作業であり、その場にいない人との対話を可能にします。あなたとの橋渡しはできたでしょうか？本書の何かが皆様の心に届いていることを祈ります。

　飲み会の最後には、気を使わなくても良い安心できる人の近くにいるものです。人生がそのような状態であれば、どんなに楽でしょう。人は人の中でしか生きられませんが、組み合わせが大切です。出会って嬉しい人や物に囲まれる暮らしは幸せです。

　しかし、時間はいつも別れを勧めるもの。どんな事柄もそのままではいられず「終わり」が来ます。楽しい時はあっという間に過ぎますが、辛い時には時間が味方になってくれます。われわれには「忘れる」という才能があるのです。人は皆、何かの途上で「終わり」を迎えますが、何をしている途上なのかは人それぞれです。そして、「終わり」は「始まり」と同様、周囲に何かを与える行為です。

「あなたと出会えたことが何よりの幸運　そして幸福だった　あなたの存在が私を救い　孤独も全て蹴散らした　あなたを想うとき　燃えるような力が　体の奥から　涌いてくるのです」

（吾峠呼世晴「鬼滅の刃23巻」～第205話「幾星霜を煌めく命」～集英社）

そんな出会いや別れは、相手のことを想い、自分にできることを精一杯することでやってくるのでしょう。

「死ぬときには、体の鳴る音を聞こう。生きているのであれば、なすべき仕事にとりかかろう。」

（H.D. ソロー／服部千佳子訳『孤独の愉しみ方』イースト・プレス）

今はまだ人生というお祭りの途中。立ち寄ってないお店はたくさんありますし、出会っていない友達に出会えるかもしれません。向こうからやってくるものに誠実に向き合いつつ、いつでも飛び出せるよう背中に羽を生やしておきたいものです。

考えても考えなくても良い、褒められても褒められなくても良い、叱られても叱られなくても良い、真面目でも不真面目でも良い、頑張っても頑張らなくても良い、偉くなってもならなくても良い、金持ちでも貧乏でも良い、幸せでも不幸せでも良い、でも人を殺すのはいけない、友達が沢山いても一人ぼっちでも良い、顔や頭や性格が良くても悪くても良い、仕事ができてもできなくても良い、大きな家でも小さな家でも良い、社交的でも閉鎖的でも良い、勝っても負けても良い、食べても食べなくても良い、晴れても雨でも曇りでも良い。

生きていることが、それだけで良い。悲しいけれど幸せな別れができれば、もっと良い。

「生まれてきた、生きていく」

この本は、あなたのために書きました。

医療の面から監修、執筆してくださった涌澤圭介先生には、私の至らない部分をお助けいただきました。この場をかりてお礼申し上げます。また、素敵なイラストを描いてくださった白井匠氏、風鳴舎の青田恵氏

をはじめ高浜伊織氏、関係する多くの皆様方に心より感謝致します。

　本当にありがとうございました。

成沢真介

引用・参考文献

- 今村仁司「排除の構造」筑摩書房
- 岩波明「ウルトラ図解 ADHD」法研
- ヴィクトール・E・フランクル／池田香代子訳「夜と霧」みすず書房
- ヴィクトール・E・フランクル／山田邦夫、松田美佳訳
  「それでも人生にイエスと言う」春秋社
- 植西聡「イライラしたときに冷静になる方法」扶桑社文庫
- 植島啓司「生きるチカラ」集英社
- 永六輔「大往生」岩波書店
- 太田晴久「大人の発達障害」西東社
- 大塚和彦「インド哲学超入門バガヴァッド・ギーター」ガイアブックス
- 大野裕「はじめての認知療法」講談社
- 大野裕／さのかける・サイドランチ「マンガでわかる認知行動療法」池田書店
- 大野裕／NPO 法人地域精神保健機構／工藤ぷち
  「マンガでわかる うつの人が見ている世界」文響社
- 岡田尊司「発達障害と呼ばないで」幻冬舎
- 岡田尊司／松本耳子「マンガでわかる パーソナリティ障害」光文社
- 小渕千絵「APD（聴覚情報処理障害）がわかる本」講談社
- 梶野真「仕事も人生もうまくいく実践アドラー心理学」ナツメ社
- 片田珠美「すぐ感情的になる人」PHP 新書
- 頭木弘樹「自分疲れ」創元社
- 頭木弘樹／NHK ラジオ深夜便制作班　川野一宇　根田知世己
  「NHK ラジオ深夜便　絶望名言」飛鳥新社
- 加藤俊徳「ADHD コンプレックスのための脳番地トレーニング」大和出版
- 樹木希林「樹木希林120の遺言」宝島社
- 岸見一郎「アドラーに学ぶ よく生きるために働くということ」KK ベストセラーズ
- 岸見一郎「泣きたい日の人生相談」講談社
- 心屋仁之助「すりへらない心をつくるシンプルな習慣」朝日新聞出版
- 國分功一郎「はじめてのスピノザ 自由へのエチカ」講談社
- 吾峠呼世晴「鬼滅の刃18巻/21巻」集英社
- 近藤麻理恵「人生がときめく片づけの魔法」サンマーク出版
- 司馬理英子「ADHD タイプの【部屋】【時間】【仕事】整理術『片づけられない!』
  『間に合わない!』がなくなる本」大和出版

- 辛淑玉「怒りの方法」岩波新書
- 土屋アンナ「土屋アンナ100のルール」祥伝社
- 寺山修司「赤い糸でとじられた物語（寺山修司メルヘン全集1）」マガジンハウス
- なおにゃん／鹿目将至「心の不安がスッと消える　うつ吸い」永岡書店
- 野村恵里「保育者のためのアンガーマネジメント」中央法規出版
- 中野信子「キレる!脳科学から見たメカニズム、対処法、活用術」小学館新書
- フレデリック・ルノアール／田島葉子訳「スピノザ よく生きるための哲学」ポプラ社
- H.D. ソロー／飯田実訳「森の生活」岩波書店
- H.D. ソロー／服部千佳子訳「孤独の愉しみ方」イーストプレス
- 樋口進「ネット依存・ゲーム依存がよくわかる本」講談社
- 久本雅美「みんな、本当はおひとりさま」幻冬舎
- 日野原重明 講演会記録「致知」2008.12月号　特集「心願に生きる」至知出版社
- 福井至／貝谷久宣「今日から使える認知行動療法」ナツメ社
- 福永光司「荘子」中央公論新社
- 藤本一司「倫理学への助走」北樹出版
- 星野仁彦「発達障害に気づかない大人たち＜職業編＞」祥伝社
- 松本俊彦「依存症がわかる本」講談社
- 水木しげる「怪奇貸本名作選」集英社
- 南直哉「禅僧が教える心がラクになる生き方」アスコム
- メンタリスト DaiGo「人生を思い通りに操る片づけの心理法則」学研
- 諸富祥彦「NHK100分で名著ブックス　フランクル 夜と霧」NHK 出版
- モンテーニュ／松浪信三郎訳「エセー＜下＞」『世界の大思想7』河出書房新社
- 山際寿一／小原克博「人類の起源、宗教の誕生」平凡社
- ヨースタイン . ゴルデル／須田朗監修／池田香代子訳「ソフィーの世界」NHK 出版
- 吉田量彦「スピノザ 人間の自由の哲学」講談社
- 吉濱ツトム「発達障害と結婚」イースト新書
- 若林正恭「ナナメの夕暮れ」文藝春秋

（その他、参考文献、資料、省略）

著者　**成沢 真介**（なりさわ しんすけ）

文筆家。岡山商科大学非常勤講師。赤磐市巡回訪問特別支援教育専門員。

中央大学文学部文学科仏文学専攻卒業、兵庫教育大学大学院学校教育研究科修士課程修了。

特別支援学級や特別支援学校などで長年療育に携わる傍ら、日本児童文学者協会にて丘修三氏より児童文学を学び執筆を続ける。

「ADHD おっちょこちょいのハリー」（台湾版も出版）「ジヘーショーのバナやん」（少年写真新聞社）「自閉症・ADHD の友だち」（第7回福田清人賞候補作、文研出版）「自閉症児さとしの一日」（大月出版）など絵本や児童書の他、「グレーゾーンの歩き方」「生きづらさを抱えた子の本当の発達支援」（風鳴舎）「虹の生徒たち」（講談社）「先生、ぼくら、しょうがいじなん？」（現代書館）など著書多数。

文部科学大臣優秀教員表彰、日本支援教育実践学会研究奨励賞、兵庫教育大学奨励賞を受賞。

監修者　**涌澤 圭介**（わくさわ けいすけ）

宮城県立こども病院発達診療科科長。子どものこころ専門医。日本小児科学会専門医。日本小児神経学会専門医。日本小児精神神経学会認定医。

装丁：渡邊民人（TYPE FACE）
本文デザイン：谷関笑子（TYPE FACE）
イラスト：白井匠
DTP：BUCH⁺
販売促進：黒岩靖基、恒川芳久、平川麻希、髙浜伊織（風鳴舎）

隠れADHDの歩き方
〜注意欠如・多動症（ADHD）の世界を理解する本

2024年9月24日　初版 第1刷発行

著　者　　成沢 真介
監修者　　涌澤 圭介
発行者　　青田 恵
発行所　　株式会社風鳴舎
　　　　　〒170-0005 東京都豊島区南大塚2-38-1 MID POINT 6F
　　　　　（電話03-5963-5266/FAX03-5963-5267）

印刷・製本　　モリモト印刷株式会社

・本書は著作権法上の保護を受けています。本書の一部または全部について、発行会社である株式会社風鳴舎から文書による許可を得ずに、いかなる方法においても無断で複写、複製することは禁じられています。
・本書へのお問い合わせについては上記発行所まで郵送もしくはメールにて承ります。乱丁・落丁はお取り替えいたします。

©2024 shinsuke narisawa
ISBN978-4-907537-52-4
C0030
Printed in Japan

風鳴舎の本

『グレーゾーンの歩き方』
発達障がい・グレーゾーンの世界を理解する本

成沢真介 著／瀧靖之 監修

「本人の生きる世界を覗いているかのような感覚」で発達障がい・グレーゾーンについて学べる本。

A5判／並製本／2C+1C／240ページ／
本体価格1,650円＋税
ISBN:978-4-907537-41-8

『ヤングケアラーの歩き方』
家族グレーゾーンの世界を理解する本

大庭美代子 著／加藤雅江 監修

ヤングケアラー9名の人生を旅に例え、旅人の日常、旅人のエピソードをまとめた10のストーリー。家族機能不全の逆引き目次付。

A5判／並製本／2C+1C／208ページ／
本体価格1,700円＋税
ISBN:978-4-907537-44-9

『生きづらさを抱えた子の本当の発達支援 ―認知を育むあそび編―』
（これからの保育シリーズ 14）

あの子の最高に幸せな人生は「あそび」から

成沢真介 著

B5変判／並製本／1C／160ページ／
本体価格1,800円＋税
ISBN:978-4-907537-45-6

『生きづらさを抱えた子の本当の発達支援 ―コミュニケーションと自己コントロール編―』
（これからの保育シリーズ 10）

療育の現場で30年培ったノウハウを大公開

成沢真介 著

B5変判／並製本／1C／152ページ／
本体価格1,800円＋税
ISBN:978-4-907537-36-4